BASTEI
LÜBBE

Arnd Stein

Mein Kind hat ANGST

Wie Eltern verstehen und helfen können

BASTEI LÜBBE

BASTEI-LÜBBE-TASCHENBUCH
Band 66 210

Lizenzausgabe: Gustav Lübbe Verlag, Bergisch Gladbach
Printed in Germany, September 1991
Einbandgestaltung: Adolf Bachmann, Reischach
Titelbild: Zefa
Satz: ICS Communications-Service GmbH, Bergisch Gladbach
Druck und Bindung: Ebner Ulm
ISBN 3-404-66210-5

Der Preis dieses Bandes versteht sich einschließlich
der gesetzlichen Mehrwertsteuer

Inhalt

Ein Wort zur Angst

Jedes Kind hat zuweilen Angst. Das ist ganz normal. Trotzdem mogelt man sich mit der gängigen Entschuldigung »Angst hat doch jeder!« an der entscheidenden Frage vorbei, ob nicht ein großer Teil kindlicher Ängste durch günstigere Erziehungseinflüsse von vornherein vermeidbar wäre. Denn die Angst ist weder ein rätselhaftes Ungeheuer, das unsere Kinder heimtückisch überfällt, noch ein unabänderliches – weil vererbtes – Schicksal. Nein, jede ängstliche Regung hat einen ganz konkreten Anlaß. Nur: Oftmals ist es schwierig, die Hintergründe der Angst zu begreifen, so daß letztlich die »böse Welt« – ganz pauschal – als Sündenbock herhalten muß.

Die Welt des Kindes aber ist zunächst einmal seine Familie. So liegt es nahe, in diesem überschaubaren Bereich nach den Ursachen der kindlichen Ängste zu fahnden. Dieses Buch will Ihnen dabei helfen. Außerdem zeigt es eine Reihe von Möglichkeiten auf, wie Sie Ihrem Kind ein (angst)freieres Zuhause schaffen können. Doch keine Sorge! Sie brauchen Ihr Familienleben nicht »umzukrempeln«. Mit etwas gutem Willen und einem bißchen Selbstkritik lassen sich jene meist kleinen Ursachen beseitigen, die vielfach große Ängste, aber auch »nervtötende« Eltern-Kind-Konflikte nach sich ziehen.

»Das ist leichter gesagt als getan«, mögen Sie jetzt denken, »in der Theorie sieht alles so einfach aus!« Das stimmt.

Allerdings: Sie werden in diesem Buch wenig Theorie finden. Es ist nicht am »grünen Tisch« entstanden, sondern mitten im Alltag: in Gesprächen mit Eltern, die in der psychologischen Praxis Rat suchten oder an Elternabenden in Kindergärten und Schulen teilnahmen. Überdies haben zahlreiche einfühlsame »Kinderpsychologen« ihre Erfahrungen zum Thema »Angst« beigesteuert: die Kinder selbst! Es ist immer wieder verblüffend, mit welch klarer Logik auch die Kleinsten der Kleinen psychologische Zusammenhänge erfassen und beurteilen können.

So gilt mein Dank allen Eltern und Kindern, die durch eine freimütige Darstellung ihrer Probleme dieses Buch erst ermöglicht haben. Ganz herzlich bedanke ich mich auch bei allen Freunden und Bekannten, die das Manuskript aufmerksam gelesen und dort korrigiert haben, wo mein »inneres Kind« sich an einer Stilblüte erfreuen wollte – oder sich aus lauter Übermut im Dschungel vielfältiger Gedanken verirrte. Ein Dankeschön auch dem Illustrator Klaus Böhle. Sein Zeichenstift rief jenes »Kuschelwesen« ins Leben, das die typischen Ängste auf amüsante Weise symbolisieren soll – und als Leitfigur eines psychologischen Tests dazu beitragen kann, daß Sie die Ängste Ihres Kindes (und auch Ihre eigenen!) besser verstehen.

Gevelsberg, im März 1982 *Arnd Stein*

Teil A: Das Rätsel »Angst«

I. Wenn mich die Angst überfällt . . .

Ein geselliger Abend bei guten Freunden. Gleich ein Uhr – Zeit zum Aufbruch. »Sollen wir dir ein Taxi rufen?« »Nein, vielen Dank! Ich gehe lieber zu Fuß. Ich brauche noch etwas frische Luft . . .« Kurzer Abschied. Morgen wird man miteinander telefonieren.
Der Weg ist nicht weit, kaum mehr als einen Kilometer. Du schlenderst gemächlich die Straße hinunter, atmest die frische Luft in tiefen Zügen. Keine Menschenseele unterwegs. Himmlische Ruhe! Bis auf den rhythmischen Gleichklang Deiner Schritte. An der Kreuzung mußt Du rechts ab – eine ruhige, unbebaute Seitenstraße hinunter, am Stadtpark vorbei. Du läßt den Lichtvorhang der letzten Bogenlampe hinter Dir. Jetzt erzeugt der Vollmond ein fahles Halbdunkel. Das Buschwerk der Grünanlagen zeichnet bizarre Schatten, die ständig ihre Form verändern. Eine leichte Brise läßt Dich frösteln. Scheint kühler zu sein, als Du dachtest! Das auf- und abschwellende Zischeln der Blätter mischt sich in den Taktschlag Deiner Schritte. Fast unmerklich erhöht sich das Tempo. Sicher, es wird kühler! Noch ein paar hundert Meter bis nach Hause. Die frische Luft tut wirklich gut! Während Du tief ausatmest, formen Deine Lippen aus dem Luftstrom eine beschwingte Melodie. Dieser Ohrwurm geht Dir nicht aus dem Kopf!

Da: Ein scharfes Rascheln zerreißt jäh die nächtliche Stille. Du fährst zusammen – und verstummst. Aus dem Unterholz löst sich ein hastiger Schatten, der quer über die Straße jagt und drüben im Grasland verschwindet. Ein Kaninchen, auf der Flucht vor seinem Feind, dem Menschen. Deine Schritte werden noch etwas schneller. Wirklich kühl, heute nacht! Na ja, bald bist Du ja zu Hause. Der Wind hält den Atem an. Merkwürdig! Dennoch geht ein leichtes Rauschen durchs Gebüsch. Schräg hinter Dir. Jetzt ein Knacken. Es knackt noch einmal. Und schon wieder! Fast regelmäßig. Der Mond verschwindet hinter einem Wolkenberg. Es wird dunkler. Du fröstelst. Der Klang Deiner zügigen Schritte scheint von der schwarzen Silhouette des Buschwerks widerzuhallen. Ein Echo? Moment! Sind da nicht andere Schritte? Du drehst den Kopf etwas zur Seite und schaust ganz unauffällig zurück. Unsinn! Wer sollte denn um diese Zeit . . .? Doch – da ist ein Schatten, sieht aus wie eine vermummte Gestalt. Lächerlich – bestimmt eine Täuschung! Schön ruhig bleiben, das läßt sich feststellen. Abrupt bleibst Du stehen. Der letzte Schlag Deines Absatzes verhallt im Nichts. Stille. Ein leises Raunen geht durch die Äste des angrenzenden Wäldchens. Na bitte: So kann man sich irren!
Eilig setzt Du Deinen Weg fort. Nur noch an dem Wäldchen vorbei, dann . . . Seltsam! Da sind die Schritte wieder. Ein Stück weiter hinter Dir. Genau in Deinem Rhythmus, aber etwas zeitversetzt. Kein Irrtum – da ist tatsächlich jemand! Bestimmt ein harmloser Spaziergänger. Du gehst noch etwas schneller. Der andere paßt sich an. Das ist kein Zufall mehr – Du wirst verfolgt! Das weiß leuchtende Rund des Mondes kommt wieder hinter der Wolke hervor, hängt vor Dir am Nachthimmel wie eine Laterne.

»Schneller!« hörst Du Deine innere Stimme rufen. Und Du erinnerst Dich: Da stand doch kürzlich etwas in der Zeitung von mehreren Einbrüchen in den abgelegenen Villen. Gar nicht weit von hier. In den Augenwinkeln siehst Du den schwarzen Schatten hinter Dir. Du gehorchst Deinem inneren Befehl – und rennst. Schneller und schneller. Dein Verfolger bleibt Dir dicht auf den Fersen. Das hämmernde Stakkato der Laufschritte zerhackt den nächtlichen Frieden. Ein Mensch auf der Flucht vor seinem Feind, dem Menschen. Du verspürst einen Stich in der Seite. Dein Atem geht immer schwerer, jetzt schon keuchend. Die Schmerzen werden stärker. Gott sei Dank – die Umrisse der ersten Häuser! Das vierte rechts: Deine Haustür. Viel zu weit. Du spürst den heißen Atem Deines Verfolgers im Nacken. Deine Beine beginnen sich zu verkrampfen. Um Hilfe rufen? Hört niemand! Der Schlüssel! Du ertastest das Schlüsseletui in der Manteltasche. Der Reißverschluß! Er klemmt. Noch zwanzig Meter. Jetzt läßt er sich öffnen. Du fühlst das kühle Metall des Hausschlüssels, hältst ihn in der rechten Hand – nach vorn ausgestreckt. Noch ein Blick zurück. Er hält ein Messer in der Hand! Die Haustür – das Türschloß! Der Schlüssel verfehlt sein Ziel. Schnell, schnell! Das Aufschnappen des Türschlosses. Ein unendlich tiefer Seufzer der Erleichterung. Gerettet . . .

. . . und vielleicht fühlen auch Sie sich erleichtert, lieber Leser? Das hängt natürlich davon ab, wie sehr Sie »eingestiegen« sind. Also: ob Sie den Text mit sachlich-kühler Distanz gelesen oder aber den nächtlichen Heimweg in lebhaften Bildern vor sich gesehen, geradezu »am eigenen Leibe« miterlebt haben. In diesem Fall werden Sie wohl von zunehmender Spannung, vielleicht auch von steigender Unruhe erfaßt worden sein. Und Ihr Lesetempo mag sich – im Gleichklang mit den Geschehnissen – gegen Ende der Schilderung immer mehr gesteigert haben. Obwohl Sie sich doch völlig gefahrlos und geborgen in der »Schutzhülle« Ihrer vier Wände befinden.

Und nun stellen Sie sich vor, Sie hätten diese Situation *wirklich* erlebt. Wie wäre Ihnen dabei zumute gewesen? Möglicherweise gehören Sie ja zu jenen unerschrockenen Zeitgenossen, die jeder Gefahr kaltlächelnd ins Auge blikken. Dann hätten Sie sich vermutlich gar nicht erst vom Rascheln und Knacken des Gebüsches ins Bockshorn jagen lassen; einem wirklichen Verfolger aber wären Sie beherzt entgegengetreten, um ihn zur Rede zu stellen. Doch wahrscheinlicher ist es, daß Sie in der Rolle des tatsächlich oder vermeintlich Verfolgten einen recht unangenehmen, beklemmenden inneren Spannungszustand erlebt hätten. Und dieses Gefühl, das sich als ständige »Begleitmusik« Ihres nächtlichen Abenteuers vom vagen Unbehagen bis hin zum panischen Entsetzen steigerte, sollten wir nunmehr beim Namen nennen: ANGST! Allerdings haben wir die Angst mit der Bezeichnung »unangenehmes Gefühl« weder hinreichend beschrieben noch erklärt. Viel zu kompliziert und rätselhaft sind oftmals die Ursachen, Wirkungen und Erscheinungsformen jener alltäglichen Erlebnisse, die wir kurzerhand dem Sammelbegriff »Angst« zuordnen. Besonders deutlich können wir die verschiedenen Spielarten der Angst beim Kind beobachten: Wenn sich Säuglinge oder Kleinkinder verlassen fühlen, dann weinen oder schreien sie. Auch ältere Kinder haben nicht selten – vor allem nachts – Angst vor dem Alleinsein und bestehen deshalb hartnäckig darauf, im Bett ihrer Eltern zu schlafen. »Böse Männer«, Hexen oder Geister – das sind einige der unsichtbaren Feinde, von denen sich Kinder oftmals bedroht fühlen. Aber das Kind muß sich auch mit greifbaren Gefahren auseinandersetzen: Wenn es einen großen Hund sieht, mag es sich ängstlich an seine Mutter klammern, ja es kann sogar beim Anblick einer harmlosen Stubenfliege in Panik geraten. Überdies zeigen sich viele Kinder zurückhaltend bis verschüchtert, wenn sie mit Neuem und Ungewohntem konfrontiert werden oder fremden Kindern begegnen. Auch die Schule bereitet manchem Kind Bauch- oder Kopfschmerzen, insbesondere wenn eine Klassenarbeit bevorsteht. Schließlich mag ein Kind seinen Eltern mit ängstlichem Unbehagen unter die Augen treten, falls es sich »ordnungswidrig« verhalten hat.

Solche Ängste dürften Ihnen nicht unbekannt sein, und gewiß haben Sie sich schon öfter ratlos gefragt: Was ist Angst überhaupt? Wie entsteht sie? Welche Folgen hat sie für mein Kind? Und: Wie kann ich die Ängste meines Kindes abbauen? Mit all diesen Fragen werden wir uns nun ausführlich beschäftigen, allerdings noch einen Gedanken voranstellen: Wenn man über Kinderängste redet, neigt man allzu leicht dazu, sich als überlegener Beobachter zu fühlen, dem diese kindlichen Empfindungen eigentlich wesensfremd sind. Doch unterscheidet sich jedes Unbehagen, das unser Wohlbefinden immer dann beeinträchtigt, wenn wir uns bedroht fühlen, grundsätzlich von der Angst eines Kindes? Mehr noch: Sind unsere »erwachsenen« Ängste, die uns zuweilen auf unerklärliche Weise quälen, vielleicht gar nichts anderes als die Folge eigener Kindheitserlebnisse, die wir bis heute noch nicht richtig verarbeitet haben? Wir sehen: Um die Ängste unserer Kinder wirklich zu verstehen, sollten wir uns unbedingt auch mit unserem eigenen ängstlichen Erleben befassen. Und das wird uns um so leichter fallen, je besser wir das »Wesen« der Angst, also ihre typischen Merkmale, kennen. Beginnen wir deswegen mit der Frage, welche ursprüngliche Bedeutung die Angst hat und wodurch sie ausgelöst wird.

1. Die »Schaltzentrale« schlägt Alarm

Ganz sicher ist die Angst nicht erfunden worden, um die Menschheit zu ärgern oder zu peinigen. Im Gegenteil: Ohne Angst gäbe es schon lange keine Menschen mehr auf dieser Erde. Denn obwohl der Mensch als Krone der Schöpfung die übrigen Lebewesen schon immer an Intelligenz überragt hat, waren seine Körperkräfte in vielen Fällen der natürlichen Konkurrenz kaum gewachsen. Und wo man dauernd in Gefahr lebt, einer ständigen Bedrohung durch alle möglichen Feinde ausgesetzt ist, da erweist es sich als äußerst nützlich, mit einem wohlfunktionierenden Alarmsystem ausgestattet zu sein. Nichts anderes ist der biologische Sinn der Angst: den Menschen vor einer meist *schmerzhaften* Gefährdung von Leib und Leben zu schützen. Damit dieser »Schaltmechanismus« vom ersten Tage an wirkt, muß er zwangsläufig ganz ohne Vorerfahrung auf bestimmte Auslösereize reagieren: Bei dem Kaninchen in unserem nächtlichen Abenteuer genügten schon die Schritte des Spaziergängers, um es aus seiner Ruhe aufzuschrecken und in die Flucht zu schlagen. Dem scheinbar sorglosen Heimkehrer erging es kaum anders: Das plötzliche Rascheln des Laubes ließ ihn jäh zusammenfahren – und Angst empfinden. Wir sehen, daß Mensch und Tier gleichermaßen auf einen bestimmten Auslösereiz ängstlich reagieren: auf *plötzlichen Lärm.* Diese Erkenntnis ist ebenso banal wie alltäglich. Wir alle erschrecken

mehr oder weniger heftig, wenn ein Flugzeug die Schallmauer durchbricht, wenn ein Kraftfahrzeug durch einen ohrenbetäubenden Knall die falsche Zündeinstellung seines Motors kundtut oder wenn uns ein wenig einfühlsamer Mensch mit einem plötzlichen Aufschrei – nur so zum Spaß – die Glieder erzittern läßt. Trotzdem ist man sich – gerade was den Umgang mit Säuglingen und Kleinkindern betrifft – der Wirkung unerwarteter und lauter Geräusche (man denke an das Türenschlagen!) meist gar nicht bewußt und erzeugt beim Kind bereits in dieser sensiblen Entwicklungsphase Ängste, die man sich später oft gar nicht erklären kann. Doch nicht nur das Ohr, sondern auch das Auge registriert plötzliche, heftige Sinnesreizungen, die als reflexartige Angstauslöser wirken: Beispielsweise führt das Aufblitzen einer Lampe zu Schreckreaktionen, was viele stolze Eltern schon miterleben konnten, als sie ihren Nachwuchs mit einer Blitzlichtaufnahme verewigten. Darüber hinaus wurden von verschiedenen Entwicklungspsychologen bei Säuglingen noch eine Reihe anderer angeborener Ängste festgestellt: die Angst vor plötzlicher *Bewegung* und *Annäherung,* vor dem *Unbekannten* und *Fremdartigen* oder auch davor, daß dem Säugling plötzlich *der Halt entzogen* wird und er sein Gleichgewicht verliert. Auch die Angst vor der *Dunkelheit* fassen manche Forscher als angeborene Reaktion auf, als spontanes Gefühl der Schutzlosigkeit und mangelnder Geborgenheit (der Angriff aus dem Dunkeln – Symbol der »Urangst«). Diese Auffassung werden sicherlich all jene Eltern gern teilen, die sich nur mit äußerstem Widerwillen (oder überhaupt nicht) in dunkle Kellerräume begeben. Ob es auch angeborene Ängste vor ganz konkreten Objekten gibt – darüber gehen die Meinungen auseinander. Die

Angst vor Schlangen beispielsweise, von der man gern spricht, scheint beim Menschen *nicht* angeboren zu sein, sondern von dem fremdartigen Schlängeln dieser eigenartigen Tiere ausgelöst zu werden; zumindest kam eine in England durchgeführte Untersuchung zu diesem Ergebnis. Wie stark diese Auslöser sein müssen, um tatsächlich Angst zu erzeugen, und wie heftig und dauerhaft die Angstreaktionen ausfallen – das ist individuell äußerst unterschiedlich. Jenen Menschen, die schnell und »überschießend« auf relativ harmlose Auslöser reagieren, verleiht man allgemein das Attribut »ängstlich«. Die Ursachen für diesen Persönlichkeitszug sucht man gern in den Erbanlagen: »Oma war ja auch überängstlich . . .!« Wir werden

aber noch sehen, daß meist äußere Faktoren (vor allem Erziehungseinflüsse) die entscheidenden Weichen für die Angstbereitschaft des Menschen stellen.

Dennoch scheint die Eigenart, ängstlich oder schreckhaft zu reagieren, *auch* eine Folge anlagebedingter Umstände zu sein: Wenn man nämlich eine größere Anzahl Neugeborener beobachtet, dann entdeckt man große Unterschiede in ihrer Erregbarkeit, Störanfälligkeit und in ihrer Bereitschaft, Angst zu entwickeln. Das vegetative Nervensystem und die körpereigene Produktion von Hormonen haben offenbar einen erheblichen Einfluß auf die seelische Widerstandsfähigkeit und damit auch auf die Ängstlichkeit des Menschen. In Versuchen mit Ratten konnte man sogar nachweisen, daß sich durch entsprechende Auswahl hochängstliche (oder weniger ängstliche) Tierstämme züchten lassen. Doch Vorsicht! Erstens ist der Mensch keine Ratte, und zweitens müssen solche exakt registrierten Unterschiede in der Ängstlichkeit nicht zwangsläufig auf unterschiedliche Erbanlagen zurückzuführen sein. Vergessen wir nicht, daß die Kinder schon *vor* ihrer Geburt neun Monate lang in dieser Welt sind, währenddessen ihre gesamte Existenz aufs engste mit der Mutter verbunden ist. Nicht umsonst warnt man immer wieder vor Alkohol- und Nikotingenuß und erst recht vor Tablettenmißbrauch während der Schwangerschaft. Aber auch die Persönlichkeit der werdenden Mutter spielt eine wichtige Rolle für die spätere Ängstlichkeit ihres Kindes: Eine interessante amerikanische Studie konnte nachweisen, daß Mütter, die während der Schwangerschaft nervös, hektisch und »aufgedreht« waren, Kinder zur Welt brachten, die schon bei der Geburt ähnliche »Untugenden« und nicht zuletzt auch deutlich stärkere Angstreaktionen an den Tag legten als Kinder von ausgeglichenen Müttern. Schon vor der Geburt kann also die spätere Ängstlichkeit eines Menschen durch Umwelteinflüsse programmiert werden, wobei sich allerdings ein geborener »Hasenfuß« durch günstige Erziehungseinflüsse durchaus zu einer stabilen, gelassenen Persönlichkeit entwickeln kann. Umgekehrt ist es aber auch möglich, daß ein robuster, wenig angstanfälliger Säugling schon nach kurzer Zeit zu einem »Angsthasen« wird, sofern er einer angstfördernden Erziehung ausgesetzt ist.

Halten wir fest: In ihrer ursprünglichen Form ist die Angst ein *natürlicher Schutzmechanismus,* der sogleich zu »arbeiten« beginnt, wenn bestimmte Auslöser eine Gefahr signalisieren. Je nach Art der *Auslösereize* und der *Ängstlichkeit* des Individuums kann der Einsatz dieser inneren »Alarmanlage« sehr plötzlich und heftig – in Form einer *Schreckreaktion* – oder auch ganz sanft, etwa als leichtes Unbehagen, erfolgen. Das *erlebte Gefühl* läßt sich als unangenehmer innerer *Spannungszustand* beschreiben, der im allgemeinen durch die Wahrnehmung einer Bedrohung entsteht und in starkem Maße von *körperlichen Reaktionen* begleitet wird.

2. Der Körper in Aufruhr

Sie sollen bei einer größeren Feier – etwa hundert Gäste sind geladen – eine Ansprache halten. Sie erheben sich, und die lebhaften Gespräche verstummen schlagartig. Alle Augen sind auf Sie gerichtet – erwartungsvoll und interessiert, aber auch gelangweilt oder skeptisch. Sie räuspern sich und beginnen zunächst mit zaghafter, dann mit immer festerer Stimme Ihre kleine Rede. Hin und wieder werfen Sie einen flüchtigen Blick auf Ihr Manuskript, um den

Faden nicht zu verlieren. Einem aufmerksamen Beobachter würde nicht entgehen, daß die Papiere in Ihrer Hand leicht vibrieren. Selbst wenn Sie davon überzeugt sind, in diesem Augenblick keinerlei Nervosität oder gar Angst zu empfinden, ist die minimale Unruhe Ihrer Hände ein verräterisches Zeichen. Denn zuweilen mag es nur ein unmerkliches Zittern der Hände sein, ein leichtes Frösteln, ein kalter Schauer im Nacken oder ein flaues Gefühl im Magen, wodurch sich die Angst bemerkbar macht – körperliche Reaktionen und Empfindungen, die man gern (Tapferkeit wird ja allgemein hochgeschätzt!) auf andere Ursachen zurückführen möchte: »War ein anstrengender Tag heute«, »Ist ganz schön kühl geworden« oder: »Den ganzen Tag noch nichts gegessen!« Doch bereits solche feinen »Erschütterungen« sind untrügliche Begleiterscheinungen meßbarer körperlicher Veränderungen: Der Pulsschlag beschleunigt seinen Rhythmus, der Blutdruck steigt, die Atmung geht schneller. Das bedeutet für den Organismus eine erhöhte Sauerstoffzufuhr, die durch eine sinnvolle Verteilung besonders dem Bewegungsapparat zugute kommt. Nur zu Recht! Denn wie sollte sich das bedrohte Lebewesen erfolgreich zur Wehr setzen oder – was nicht selten empfehlenswerter ist – im Höchsttempo die Flucht ergreifen können, wenn seine Kraftreserven nicht möglichst rasch aktiviert würden?
Natürlich sind an dieser Mobilmachung nicht nur Kreislauf und Atmung beteiligt, sondern alle Körperfunktionen, die für eine erfolgreiche Rettungsaktion unerläßlich sind: Beispielsweise sorgt ein steigender Blutzuckerspiegel für Energienachschub und eine sinnreiche Kühleinrichtung mit Tausenden von Schweißperlen für eine Temperaturregulation des erhitzten Organismus. Für den Notfall verbessert

sich sogar die Gerinnungsfähigkeit des Blutes. In der Tat ein faszinierendes Zusammenspiel! Die Regie in diesem Lehrstück über perfekte Organisation führt das Zentralnervensystem, also vornehmlich das Gehirn des Menschen. Alle Steuerbefehle werden in Bruchteilen von Sekunden über Nervenstränge an die entsprechenden Organe weitergeleitet, kräftig unterstützt von Wirkstoffen (Hormonen), die über die Blutbahnen für eine Verstärkung der allgemeinen Aktivierung sorgen. Besonders wirksam dabei ist das Nebennieren-Hormon »Adrenalin«, das untrennbar mit der Erregung des Körpers, das heißt mit der Angst, verknüpft ist.

»Einspruch!« – mit diesem energischen Gedanken mag der kritische Leser hier innehalten und entgegnen: »Die Erregung des Körpers ist doch nicht mit ›Angst‹ gleichzusetzen!« Und schon befinden wir uns in einem Dilemma, das den Menschen seit Jahrtausenden und die Wissenschaft seit Jahrzehnten beschäftigt: die grundsätzliche Schwierigkeit, die Welt der Gefühle in einzelne Teilbereiche zu gliedern, die sich klar voneinander trennen und eindeutig beschreiben lassen. Gewiß, die Erregung des Körpers ist nicht mit »Angst« gleichzusetzen; denn es gibt zum Beispiel auch ärgerliche, traurige oder freudige Erregungen. Allzuoft erlebt man auch gemischte Gefühle, die sich gar nicht mehr so recht in eine bestimmte »Schublade« einordnen lassen wollen. Dennoch kann man mit Fug und Recht behaupten, daß *jedes* Angstgefühl von einer *körperlichen Erregung* – und sei sie noch so subtil – *begleitet* wird. Nur: Die Gefühle als intimer, also nur vom Individuum selbst wahrnehmbarer Bestandteil der Persönlichkeit sind oft so schwer greifbar oder in Worte zu kleiden, daß die Betroffenen selber zuweilen ratlos sind: »Ich weiß nicht, was soll es bedeuten . . .!« Denn es kommt häufig vor, daß uns ein gegenwärtiger Gefühlszustand gar nicht so recht bewußt ist – oder daß wir ihn nicht wahrhaben wollen. So äußern sich viele (verdrängte) Ängste in nichts anderem als einer unangenehmen Erregung, die gern mit den gängigen Bezeichnungen »Streß« oder »Nervosität« umschrieben wird. Ja, in vielen Fällen kommt es sogar vor, daß Angstgefühle schlichtweg *umgedeutet* werden. Zu diesem Thema wurde ein interessantes Experiment durchgeführt:

Eine schmale, schwankende Hängebrücke ist keine wahre Freude für ein sensibles Gemüt, besonders dann nicht, wenn sie in schwindelnder Höhe über eine Schlucht führt. Allerdings: Wird sie in greifbarer Nähe über den sicheren Erdboden gespannt, so ist ihr Überschreiten selbst für ängstliche Naturen kaum problematisch: Ohne nennenswerte Schwierigkeiten wird fast jeder diese Aufgabe meistern. Amerikanische Forscher ließen nun »gegengeschlechtliche« Versuchspersonen über eine Hängebrücke laufen, und zwar so, daß sie sich etwa in der Mitte begegneten. In geringer Höhe geschah nichts Aufregendes. Die Begegnung verlief ohne nennenswerte Ereignisse. Ganz anders aber, wenn die Hängebrücke in größerer Höhe gespannt war! Jetzt berichtete eine erstaunlich große Anzahl der Versuchsteilnehmer, sie habe sich spontan in den »Hängebrücken-Partner« verliebt. Liebe auf den ersten Blick in schwindelnder Höhe – nichts anderes als eine Umdeutung der vorbereiteten, völlig normalen *Höhenangst* (die man aber als vermeintliche Schwäche nicht gern zugeben möchte!).

Mit diesem Experiment berühren wir einen weiteren bedeutsamen Bestandteil der Angst: eine *Vernunftskomponente,* die ständig darum bemüht ist, jede innere Erregung zu erklären*, für jede unerklärliche Mißempfindung einen konkreten Namen zu finden. Einen solchen Deutungsversuch hat der französische Schriftsteller Marcel *Proust* in einem ebenso kurzen wie treffenden Beispiel festgehalten: »Manchmal, heißt es, sei an Abenden des Wartens die Angst auf ein Medikament zurückzuführen, das man genommen habe; fälschlicherweise glaube der Leidende, sich um die Frau zu ängstigen, die nicht komme, und dann entstehe die Liebe, aus der ungenauen Erklärung eines peinlichen Unbehagens.«

So sinnvoll die Mobilisierung des Lebewesens zur Verteidigung oder zur Flucht einstmals auch gewesen sein mag – der zivilisierte Mensch hat den größten Teil seiner *natürlichen* Feinde verloren. Er erlebt immer seltener Situationen, in denen eine Flucht- oder Kampfbereitschaft angemessen oder nützlich wäre. Seine jahrmillionenalte »Alarmanlage« aber hat mit dem rapide fortschreitenden Zivilisationsprozeß nicht Schritt halten können. So muß der Mensch allzuoft in jenen Situationen, die zwar brenzlig sein mögen, aber eher einen kühlen Kopf als einen aufgeheizten Organismus erfordern, oder die eigentlich völlig harmlos sind, eine innere Erregung ertragen, deren sinnlose Wirkung nur noch darin besteht, ihm Unmut oder quälendes Unbehagen zu bereiten.

3. Rette sich, wer kann!

Kehren wir noch einmal zu unserem aufregenden nächtlichen Spaziergang zurück: Für das Kaninchen gab es keine Alternative. Die Wahrnehmung einer Gefahr mobilisierte

---

* Vgl. *Kelmer, O./Stein, A.:* Gefühlsanpassung. In: Mensch und Mitmensch im Experiment. Denkwürdiges aus der Sozialpsychologie. Münster 1978.

schlagartig seine Körperkräfte und löste den *Fluchtreflex* aus. Denn was nützt die beste Aktivierung des Organismus, wenn sie sich nicht unmittelbar in eine entsprechende Verhaltensweise umsetzt? Und so brachte sich das verängstigte Tier – ganz folgerichtig – mit wilden Sprüngen in Sicherheit. Dieses Weglaufen ist ganz natürlich (im wahrsten Sinne des Wortes!) und im gesamten Tierreich tausendfach zu beobachten. Allerdings kann man auch eine andere Form von Flucht feststellen: die Flucht nach vorn, den Angriff. Eine erschrockene Wildkatze wäre dem Störenfried möglicherweise mit gesträubten Nackenhaaren fauchend ins Gesicht gesprungen. Und daß sogar winzige Kreaturen wie Insekten sich selbst an Tapferkeit übertreffen können und trotz größter Gefahr zum Angriff blasen – diese schmerzhafte Erfahrung hat gewiß schon jeder gemacht, der sich durch heftige Armbewegungen von einer neugierigen Biene oder Wespe befreien wollte. Eine weitere Form der Flucht, man möchte sagen: der Flucht nach innen, entdecken wir in dem sogenannten *Totstellreflex* mancher Tiere: die völlige Bewegungslosigkeit, das Erstarren des ganzen Körpers. Auch der Mensch zeigt zuweilen eine ähnliche Reaktionsform, die sich in Redensarten wie »vor Schreck erstarrt« oder »lähmendes Entsetzen« widerspiegelt – Bezeichnungen für Angstreaktionen, die übrigens häufig als beliebtes Stilmittel in Kriminal- und Horrorfilmen eingesetzt werden.

In unserer nächtlichen Gruselgeschichte suchte aber nicht nur das Kaninchen das Weite, sondern auch der Spaziergänger. Es wäre jedoch nicht ganz richtig, in seinem Fall von »Fluchtreflex« zu sprechen. Denn bevor er schließlich Hals über Kopf davonrannte, suchte er mit einer Reihe von Strategien sein Angstgefühl zu besiegen. Vor allem war es

die *Vernunft,* die sein Unbehagen in der Einsamkeit der Nacht zu zerstreuen suchte: Zunächst wurde das Frösteln, das ja sicherlich einem ängstlichen Unbehagen entsprang, umgedeutet – nämlich als Reaktion auf die nächtliche Kühle. Überdies versuchte der Heimkehrer mit einer unbefangenen gepfiffenen Melodie sich einen Beweis für seine Gelassenheit zu liefern. Sicher, das plötzliche Rascheln des Gebüschs erschreckte ihn und ließ ihn offenbar in gleicher Weise wie das Tier zusammenfahren, aber die Vernunft konnte ihn noch einmal beruhigen; wer wird denn vor einem Kaninchen die Flucht ergreifen? Doch der durch dieses Schreckerlebnis aktivierte Organismus war nunmehr hellwach für jedes noch so feine Zeichen äußerer Gefahr. »Rette sich, wer kann!« – so lautete jetzt der klare Befehl, und da gab es kein Halten mehr: Flucht um jeden Preis als ursprüngliche Reaktion auf Angst!

Schön und gut, diese Erklärungen mögen für relativ einfache Zusammenhänge ausreichend sein. Nur: Die Ängste, denen der Mensch tagtäglich ausgesetzt ist, sind doch viel zu kompliziert und unüberschaubar geworden, als daß man sie – wie früher in freier Wildbahn – auch nur annähernd als schlichte Reaktionen auf *äußere* Gefahren umschreiben könnte. Viel öfter begegnet man doch diesen unerklärlichen *inneren* Angstzuständen, die einen häufig bis in den letzten Winkel des Bewußtseins, bis in die Träume verfolgen. Gibt es da nicht eine Fülle von Verhaltensweisen zur mehr oder weniger erfolgreichen Angstbewältigung, die sich kaum noch mit dem Begriff »Flucht« in Einklang bringen lassen? Ganz sicher. Aber trotzdem läßt sich ein großer Teil der vielfältigen Reaktionsweisen, die durch Angst ausgelöst werden, im weitesten Sinne mit *Flucht* umschreiben. Damit ist keinesfalls nur das Weglaufen, Angreifen oder »Totstellen« gemeint, sondern – viel treffender – die Flucht vor der Angst selbst, also *jede* Verhaltensweise, mit der man versucht, sein unangenehmes Spannungsgefühl so schnell wie möglich zu beseitigen: Der hilflose Säugling, der durch heftiges Schreien seine Mutter herbeiruft, möchte seiner Verlassenheitsangst ebenso entfliehen wie der Jugendliche, der sich mißverstanden (also abgelehnt!) fühlt und deswegen in die trügerische Angstfreiheit der Droge flieht. Und der »tapfere« Erwachsene, der seine Verlassenheitsängste gar nicht mehr wahrnimmt oder nicht wahrhaben will, flieht lieber in eine Zivilisationskrankheit oder beispielsweise auch in den Alkohol, anstatt sich die vermeintliche Schwäche »Angst« einzugestehen. *Die Flucht vor der Angst* ist offenbar kein geeignetes Mittel für ihre Überwindung, ja paradoxerweise zuweilen sogar der Startschuß zu einem verhängnisvollen Teufelskreis: Je mehr man vor ihr wegläuft, desto deutlicher spürt man ihren heißen Atem im Nacken!

Bevor wir uns nun der Bewältigung der Angst zuwenden, sollten wir uns zunächst noch mit den psychologischen Gesetzen ihrer Entstehung befassen. Wir haben schon festgestellt, daß Angst ein angeborener »Schaltmechanismus« ist, der durch bestimmte Auslösereize ganz ohne Vorerfahrung in Gang gesetzt werden kann. Nun werden wir sehen, daß sich das Prinzip der Angst durch seinen beliebig »programmierbaren« Charakter auf jede Situation, auf jedes Lebewesen, jeden Gegenstand, ja sogar auf jeden Gedanken übertragen läßt.

II. Die »Programmierung« der Angst

Haben Sie Angst, mit dem Aufzug zu fahren oder auf einen Turm zu steigen? Machen Sie einen großen Bogen um jeden Hund oder werden Sie von einer Maus oder Spinne in die Flucht geschlagen? Sind Ihnen vielleicht größere Menschenansammlungen ein Greuel? Dann haben Sie offenbar *Angst vor etwas Bestimmtem,* die zuweilen anders genannt wird: *Furcht.* Doch abgesehen davon, daß dieses Wort in der Umgangssprache recht selten benutzt wird und obendrein etwas antiquiert klingt, würde uns eine Unterscheidung zwischen Angst und Furcht nur verwirren. Denn falls man keinen konkreten Anlaß für sein Angstgefühl angeben kann, heißt das ja noch lange nicht, daß man unter einer grundlosen, »frei schwebenden« Angst leidet. Es ist nämlich gut möglich, daß man den Grund seiner Angst einfach nicht wahrnimmt oder nicht wahrnehmen möchte, ihn sozusagen ins Abseits seines Unbewußten verbannt. Ein solcher Selbstbetrug bleibt natürlich nicht ohne Folgen: Irgendwo machen sich schließlich Gefühle der

Unruhe, der Spannung, ja des körperlichen Unwohlseins bemerkbar, was dann gern mit der medizinischen Formel »vegetative Störung« oder der psychologischen Verlegenheitsbezeichnung »Lebensangst« umschrieben wird – obwohl eigentlich ganz konkrete Anlässe vorhanden sind. Die unergründlichen Tiefen des Unbewußten sowie die Phantasie und Vorstellungskraft des Menschen machen es oft schwierig oder gar unmöglich, den *wirklichen* Auslöser eines Angstgefühls eindeutig ausfindig zu machen. Sprechen wir also weiterhin von »Angst« und nicht von »Furcht«, ob wir ihre Ursache nun kennen oder nicht, ob ihr Objekt tatsächlich vorhanden oder nur eingebildet ist.

1. Gebranntes Kind . . .

Eine fröhliche Runde junger Leute hat sich zu einem Plausch zusammengefunden. Der Star dieser Gesellschaft ist ein Kätzchen, das eifrig einem Gummibällchen nachjagt, mit gestreckter Pfote nach übermütigen – ein Mäuschen imitierenden – Fingern schlägt und schließlich in vorsichtiger Neugier eine Weinflasche erkundet. Alsbald hat dieses Glasgefäß aber seinen Reiz verloren, und das Tier macht sich nunmehr in spielerischer Freude mit ausgestreckten Krallen an einer Sessellehne zu schaffen. Doch auch seine menschlichen Spielgefährten werden verspielter: Die leere Weinflasche reizt zum musikalischen Experiment. Bläst man nämlich über ihre Öffnung hinweg, so entsteht – wie bei einer Panflöte – ein eigenartiger tiefer Ton, der ein wenig an ein Nebelhorn erinnert. Nichts für das Kätzchen! Ein solches fremdartiges Geräusch signalisiert eine Bedrohung – und es sucht ängstlich das Weite. Kurz darauf kehrt es aber wieder zurück – seine Neugier siegt über die Angst. Doch ein zweites Mal wird das Tier

mit dem tiefen Ton in die Flucht geschlagen, wobei es diesmal etwas erbost scheint und aggressiv faucht. Beim nächsten Kontakt zwischen Katze und Weinflasche geschieht etwas Eigenartiges: Bereits der bloße Anblick der Flasche erzeugt bei dem Tier all jene Angstreaktionen, die vorher nur durch den bedrohlich klingenden Ton ausgelöst werden konnten. Die völlig neutrale, sogar Neugier auslösende Flasche ist für die Katze plötzlich zum *Angstobjekt* geworden, weil sie mit einem unangenehmen Geräusch gekoppelt – oder wie man auch sagt: assoziiert – wurde. Bei solchen Vorgängen, die in Tierexperimenten mit zahllosen Versuchsvarianten bis ins letzte Detail erforscht wor-

den sind, spricht man von *Konditionieren,* eine auf diese Weise erzeugte Angst heißt demnach *konditionierte Angst.* Noch bevor jedoch das Tier – insbesondere Ratte und Maus – ins Blickfeld der Angstforscher rückte und sich mit Geräuschen, Lichtblitzen und Elektroschocks quälen lassen mußte, experimentierten der amerikanische Verhaltenspsychologe John *Watson* und seine Mitarbeiterin Rosalie *Rayner* Anfang der zwanziger Jahre unmittelbar am Objekt ihres Interesses – am Menschen, genauer gesagt: am Säugling und Kleinkind.
Als Paradebeispiel für *konditionierte Angst* wird in der psychologischen Weltliteratur immer wieder ein elfmonatiges Heimkind namens Albert erwähnt. Mit ihm – aber auch mit einer Vielzahl anderer, meist jüngerer Kinder – führte Watson sein »klassisches« Experiment durch: Albert und seine Leidensgenossen hatten sich mit einigen Tieren angefreundet, die von den Verhaltensforschern eher aus Eigennutz als zur Erbauung der Kinder ins Heim gebracht worden waren. Ratte und Kaninchen wurden mit zunehmender Freude gestreichelt und liebkost. Von Angst keine Spur – bis ein Hammerschlag dieses friedliche Spiel jäh zerstörte; denn als Albert gerade wieder mit Hingabe »seine« weiße Ratte streichelte, schlich sich Herr Watson von hinten an ihn heran und schlug unmittelbar hinter dem Kopf des Kindes ganz plötzlich mit einem Hammer gegen eine Eisenstange. Wenn man weiß, wie empfindlich kleine Kinder gegen jeden Lärm sind, wie sehr sie auf jedes laute Wort, auf jedes Geräusch mit Blick- und Kopfwendung reagieren, dann kann man sich vorstellen, was mit Albert geschah: Nach dem ersten Schock weinte er ganz jämmerlich. Doch nicht genug des unverantwortlichen Handelns! Nachdem sich das Kind wieder halbwegs erholt hatte und

sich gerade erneut mit dem Tier beschäftigte, wurde die Prozedur der »Furchtinduktion« (so der Fachausdruck) wiederholt* – mit dem gleichen Erfolg. Oder besser: mit durchschlagendem Erfolg! Denn von nun an genügte es schon, Albert seinen ehemaligen »Spielgefährten« bloß zu zeigen, um die gleichen Angstreaktionen hervorzurufen wie zuvor beim Hammerschlag. Ein ursprüngliches Angstgefühl (hier: Reaktion auf ein plötzliches, lautes Geräusch) ist durch *Konditionieren* ganz willkürlich auf ein harmloses Pelztier übertragen worden.

Ebensogut hätte man die Angst auf eine Puppe, ein Spielauto, einen Luftballon oder auch auf einen weißen Kittel »programmieren« können. Gerade was den weißen Kittel betrifft, können viele Eltern Beobachtungen bestätigen: Nicht selten zeigen Kinder heftige Angstreaktionen, wenn sie einen Menschen in weißem Kittel sehen – sei es ein Malermeister, ein Apotheker oder der Angestellte eines Supermarktes. Der Zusammenhang ist uns klar: Das Kind verbindet mit dem weißen Kittel eine unangenehme, meist *schmerzhafte* Erfahrung, die es bei einem Arzt oder während eines Krankenhausaufenthaltes hat machen müssen. Solche gemischten Gefühle können wir unmittelbar nachvollziehen: Wir brauchen lediglich das Stichwort »Zahnarzt« kurz auf uns wirken zu lassen.

---

* Die Erklärung des Experimentators, das Leiden weniger Kinder sei ein vertretbarer Preis dafür, daß durch die Erkenntnisse seiner Untersuchungen eventuell Millionen von ängstlichen Menschen geholfen werden könnte, ist keine Entschuldigung für das *gezielte »Einhämmern«* eines Angstgefühls. Aber anstatt uns über solche experimentellen Praktiken zu entrüsten, sollten wir lieber nachdenklich werden: Sind denn plötzliche, laute Geräusche oder harte Worte, mit denen wir schon die Kleinen der Kleinsten gedankenlos konfrontieren, weniger beängstigend als das Scheppern einer Eisenstange?

Unangenehme Erfahrungen sind es also, die sich wie ein Etikett auf Personen, Tiere, Gegenstände und Situationen heften, mit ihnen eine Einheit bilden und somit für eine beliebige »Programmierung« der Angst sorgen. Dabei ist es gleichgültig, ob eine solche Kopplung zufällig erfolgt, ein notwendiges Übel darstellt (wie bei einer ärztlichen Behandlung), gezielt als Strafe eingesetzt wird oder eine Folge eigenen Handelns ist: Gebranntes Kind scheut das Feuer – so faßt der Volksmund die Erkenntnis jahrzehntelanger Angstforschung in einer ebenso einfachen wie treffenden Formel zusammen.
In diesem Sprichwort steckt aber noch eine weitere wesentliche Reaktion auf Angst: das »Scheuen«, das Meiden einer Gefahr. *Flucht oder Meiden* – so werden die typischen Angstreaktionen meist in einem Atemzug genannt, obwohl zwischen beiden Verhaltensweisen ein ganz entscheidender Unterschied besteht. Durch die Flucht soll ein bereits bestehendes Angstgefühl beseitigt werden, und durch das Meiden will man die (mögliche) Angst von vornherein verhindern. Und so versuchen wir tagtäglich – wenn irgend möglich –, allem aus dem Wege zu gehen, was uns ängstliches Unbehagen bereiten könnte. Dabei muß man allerdings einen feinen Unterschied machen: Das Meiden einer *tatsächlichen* Gefahr – beispielsweise das Balancieren auf einem Dachfirst, das Überqueren einer Straße bei Rotlicht oder das Betreten eines Raubtierkäfigs bei Anwesenheit des »Hausherren« – ist durchaus sinnvoll, ja oftmals lebensnotwendig. Wer solche riskanten Manöver unterläßt, der wird nicht »ängstlich«, sondern »vernünftig« oder »vorsichtig« genannt. Dann jedoch, wenn man auch jene Lebensbereiche meidet, die – objektiv gesehen – kaum gefährlich sind (wie z. B. ein Theaterbesuch oder

ein Einkaufsbummel über den Wochenmarkt), engt man sich immer mehr ein. Und damit entsteht die Voraussetzung für all jene Ängste, die uns oft jahrelang mit rätselhafter Hartnäckigkeit quälen, eben weil wir durch meidendes Verhalten die Auseinandersetzung und damit die Bewältigung der angstauslösenden Situation verhindern.

2. Ähnlichkeit genügt

In einer amerikanischen Kleinstadt sucht ein etwa sechzigjähriger Herr einen Psychotherapeuten auf. »Wissen Sie, eigentlich hatte ich das Problem schon immer«, beginnt er zu erzählen, »aber bislang konnte ich damit ganz gut leben. Ich habe mich eben von Pelzmänteln ferngehalten . . .«

»Sie haben Angst vor Pelzmänteln?«

»Ja – unter anderem. Aber auch vor Pelztieren wie Katze oder Meerschweinchen. Das wäre ja alles gar nicht so schlimm, aber seit kurzem bin ich mit einer Frau befreundet – ich bin seit einigen Jahren Witwer –, die mit Vorliebe Pelzmode trägt. Wie soll ich ihr nur begreiflich machen, daß ich beim Anblick ihrer Pelzkleidung regelrechte Angstzustände bekomme?«

Der Psychotherapeut fragt gründlich nach, und es stellt sich heraus, daß der Klient zunächst eine wenig erfreuliche Kindheit hatte: Das erste Lebensjahr mußte er in einem Kinderheim verbringen. Glücklicherweise kam er dann aber in eine Pflegefamilie. Es entwickelte sich eine sehr enge Beziehung zu seiner Stiefmutter, die ihn liebevoll umsorgte, wogegen sein Stiefvater häufig abweisend oder aggressiv reagierte. Anhand dieser familiären Situation erklärt der Therapeut seinem Klienten die psychologischen Hintergründe seiner Pelzangst: »Sie waren sozusagen der Rivale Ihres Stiefvaters und haben ihm – natürlich unbewußt – die Liebe seiner Frau streitig gemacht. Deswegen entwickelten Sie allmählich Angst vor Ihrem Stiefvater, die sich durch sein abweisendes Verhalten noch verstärkte. Der Pelz als Symbol für Ihre starke Mutterbindung ruft in Ihnen also immer wieder Ihre Angst vor dem Stiefvater als bedrohlichem Konkurrenten wach.« »Kann man diese Ängste nicht heilen?« »Doch schon!« erwidert der Therapeut, zerstreut jedoch alsbald jede übertriebene Hoffnung auf rasche Abhilfe: »Sie müssen allerdings mit einer mindestens zweijährigen Therapie rechnen.«

So plausibel die Erklärungen des Fachmanns auch klingen mögen – wir wissen, daß er sich in diesem Fall gründlich geirrt hat. Er konnte ja auch nicht ahnen, daß sein Klient – der übrigens mit Vornamen Albert heißt – vor etwa sechzig Jahren im Kinderheim das Opfer des Herrn Watson und seiner Methode der Furchtinduktion war. Dieses Gespräch beim Psychotherapeuten ist zwar erfunden, es hätte sich aber – nach all dem, was Albert als Kleinkind tatsächlich erleben mußte – genauso abspielen können. Die Angstforschung hat nämlich nachgewiesen, daß Ängste, die in wenigen Minuten, ja in Sekunden »induziert« worden sind, ein Leben lang wirksam bleiben *können* – vor allem dann, wenn man den angstauslösenden Gegebenheiten immer wieder »mit Erfolg« aus dem Wege geht. Aber wieso könnte denn der erwachsene Albert auch Angst vor Pelzmänteln haben? Seine unangenehmen Gefühle sind damals doch lediglich auf eine weiße Ratte programmiert worden. Diese Verallgemeinerung der Angst ist kein Zufall, sondern eine Gesetzmäßigkeit, die beim Erwerb von Ängsten häufig zu beobachten ist: Die Psychologen nennen diesen Vorgang *Generalisierung* und meinen damit eine automatisch fortschreitende Übertragung der Angst auf Gegenstände oder Situationen, die mit dem ursprünglichen Auslöser irgendwelche Gemeinsamkeiten haben. »Ähnlichkeit genügt« – so läßt sich dieses psychologische Lerngesetz zusammenfassen, das einmal mehr die hohe Empfindsamkeit unserer inneren Alarmanlage dokumentiert. Der Schutz des Individuums geht offenbar über alles, und so muß es sich damit abfinden, daß seine Kräfte allzuoft in sinnlosem Fehlalarm mobilisiert werden. Bei Klein Albert war es nicht anders: Schon nach kurzer Zeit machte sich eine Generalisierung seiner Angst bemerkbar. Zunächst weinte das Kind auch beim Anblick eines weißen Kaninchens, dann bei der Konfrontation mit Hund und Katze. Nach wenigen Tagen reichte bereits ein harmloser Pelzmantel aus, um heftige Angstreaktionen hervorzurufen.

Natürlich findet man eine Generalisierung der Angst nicht nur in solchen fragwürdigen psychologischen Experimenten. Tagtäglich sind wir mehr oder weniger willige Opfer dieser unbewußt ablaufenden Kettenreaktion. Viele Angst- oder Unlustgefühle, die uns scheinbar grundlos urplötzlich überfallen, können die Folge einer Generalisierung sein: Das spontane Unbehagen gegenüber einem Menschen, den wir nie zuvor gesehen haben, mag dadurch verursacht werden, daß er – von seiner äußeren Erscheinung oder von seiner Wesensart her – eine gewisse Ähnlichkeit mit einer Person besitzt, die uns irgendwann einmal Angst gemacht hat. Sehr verbreitet ist zum Beispiel die sogenannte *Autoritätsangst,* die – meist in der Kindheit durch eine autoritäre Elternfigur ins Leben gerufen – auf all jene Personen übertragen wird, die in irgendeiner Weise bestimmend oder rechthaberisch auftreten. Ein Kind, das beim Anblick einer harmlosen Stubenfliege schreiend davonläuft und auch von einem eigentlich Neugier erwekkenden Schmetterling in die Flucht geschlagen wird, mag irgendwann einmal von einer Wespe gestochen worden sein und diese (berechtigte) Angst vor dem schmerzhaften Stich auf alle fliegenden »Kleintiere« übertragen haben.
Auch die Angst vor Feuer, die den elfjährigen Joachim quälte, hatte ursprünglich einen handfesten Auslöser: Während eines Lagerfeuers hatte er sich beim Hantieren mit Petroleum an Hand und Arm Brandverletzungen zugezogen. Daß Joachim seit diesem Erlebnis offene Feuerstellen mit Argwohn betrachten oder gar meiden würde, können wir unschwer nachvollziehen. Doch nach kurzer Zeit wurden seine Angstgefühle auch durch viel schwächere Reize wachgerufen: Zunächst zuckte er zusammen, wenn sich sein Vater eine Zigarette anzündete, wenig später

ängstigte er sich sogar beim bloßen Anblick eines Feuerzeuges oder einer Streichholzschachtel. Durch Generalisierung hatte sich seine Angst auf alle Gegenstände übertragen, die irgendwie mit dem Stichwort »Feuer machen« zusammenhängen.*

Die Angst vor Kaufhäusern oder Supermärkten, von der viele Menschen geplagt werden, gibt den Betroffenen nicht selten Rätsel auf: Ist es das Gefühl der Enge, das aufs Gemüt drückt?** Oder steckt eigentlich die Angst vor Menschen dahinter, denen man ja in den »Einkaufsfabriken« ständig hautnah ausgesetzt ist? Im Falle einer 27jährigen Klientin trafen beide Gründe nicht zu. Ihre Einkaufsangst war – wie in den vorhergehenden Beispielen beschrieben – das Ergebnis einer Generalisierung, deren Startschuß sie im Vorschulalter erlebte: In einer konzentrierten Erinnerung stellte sich heraus, daß sie während dieser Zeit von ihrer Mutter häufiger gezwungen wurde, zum Einkaufen in ein bestimmtes Kaufhaus mitzugehen. Aus dem fröhlichen Spiel gerissen, war sie alles andere als ein angenehmer Einkaufspartner. In trotziger Eigenwilligkeit brachte sie ihre Mutter einige Male zur Weißglut – und mußte zwischen Ladentheken und Kleiderständern die schmerzhafte Erfahrung machen, wie locker die Hand eines genervten Erwachsenen sitzen kann. Von diesem Kaufhaus, in das sie

---

* Wie es gelang, dem »gebrannten Kind« die übertriebene Angst vor dem Feuer zu nehmen, wird auf S. 185 beschrieben.

** Die übersteigerte Angst vor geschlossenen Räumen (besonders, wenn sie eng sind) nennt man *Klaustrophobie*. Der Volksmund spricht hier gern von »Platzangst«, obwohl die Platz-Angst, die Angst vor weiten Plätzen also, genau das Gegenteil bedeutet – und *Agoraphobie* genannt wird. Als *Phobie* bezeichnet man eine übersteigerte Angst vor ganz bestimmten Lebewesen, Situationen oder Gegenständen.

nur noch mit größtem Widerwillen ging, übertrug sich die Angst zunächst auf andere größere Einkaufsstätten und entwickelte sich allmählich zu einer *generellen* Angst, einkaufen zu gehen. Den eigentlichen Auslöser aber hatte sie im Laufe der Jahre vergessen.

»Da kann einem ja angst und bange werden, wenn man sich überlegt, wie rasch Ängste entstehen, wie leicht sie sich ausbreiten und wie dauerhaft sie wirken!« – so mag mancher Leser jetzt innehalten. Und ein Vater, der sich wegen der Schulschwierigkeiten seines Sohnes beraten lassen wollte, trat auch sogleich den Gegenbeweis an: »Ich glaube, Sie spielen diese Angst ganz schön hoch. Jetzt will ich Ihnen mal was erzählen: Im letzten Sommer wurde unser Michael von einem Hund in die Hand gebissen. Nachdem der Junge verarztet worden war, ist er sofort wieder auf den nächsten Hund zugegangen und hat ihn gestreichelt. Nach Ihrer Theorie müßte Michael doch jetzt eine panische Angst vor Hunden haben, ja eigentlich vor allen Vierbeinern, die irgendwie Ähnlichkeit mit einem Hund haben . . .«

Dies ist ein schlagendes Argument – allerdings nicht gegen die Tatsache, *daß* Ängste nach bestimmten Gesetzmäßigkeiten entstehen, sondern gegen die zwingende Notwendigkeit eines solchen Vorgangs. Die Angst des Menschen ist viel zu individuell, als daß sie sich mit einigen Lerngesetzen erklären ließe. Denn ob sich aufgrund einer schlechten Erfahrung *tatsächlich* ein Angstgefühl oder gar eine Phobie entwickelt, ob nun wirklich eine Generalisierung stattfindet und in welchem Ausmaß immer unähnlichere Objekte angstbesetzt werden – das läßt sich im Einzelfall kaum vorhersagen. Mit Sicherheit spielt die allgemeine Angstbereitschaft eine entscheidende Rolle: Ein mimosenhaftes

Naturell mag nach einem Wespenstich eine massive Insektenphobie entwickeln, ein »seelischer Athlet« hingegen wird möglicherweise nicht einmal durch eine schwere Verletzung aus der Bahn geworfen.

3. Gedanken sind (nicht immer) frei

Der vierjährige Karsten liegt seit einer halben Stunde im Bett und scheint bereits eingeschlafen zu sein, als er plötzlich ganz aufgeregt seine Mutter ruft. Sogleich erfährt sie den Grund seiner Angst: »Da ist ein Einbrecher!« Die kleine Hand weist in jene Zimmerecke, in der sich – hinter einem Vorhang verborgen – die Spielsachen befinden. Die Mutter versucht zunächst, ihren Jungen mit einer vernünftigen Erklärung zu beruhigen: »Wir wohnen doch im vierten Stockwerk, und außerdem ist das Fenster geschlossen. Wie soll der Einbrecher denn in dein Zimmer gekommen sein?« Doch Karsten beharrt auf seiner Beobachtung und beruhigt sich erst dann wieder, als seine Mutter den Vorhang beiseite geschoben hat und kein Einbrecher zum Vorschein gekommen ist. Wie entsteht eine solche kindliche Angst?
Neben der Ängstlichkeit gibt es noch eine Eigenschaft, die sehr eng mit der Entstehung von Ängsten verflochten ist: die *Phantasie,* die Vorstellungs- und Einbildungskraft des Menschen, seine Fähigkeit, Gedankenverbindungen zu knüpfen, also Assoziationen zu bilden, kurz: sich eine Situation in allen Einzelheiten auszumalen. Denn Ängste entstehen nicht nur durch unangenehme, »hautnahe« *Erfahrungen;* schon unsere *Gedanken* können mit negativen Gefühlen gekoppelt werden. Die bloße Vorstellung eines bedrohlichen Ereignisses reicht häufig schon aus, um uns Angst zu machen. Man kann sogar sagen, daß ein

großer Teil unserer alltäglichen Ängste allein in der *gedanklichen Vorwegnahme* unangenehmer Situationen besteht – ganz gleich, ob diese Befürchtungen berechtigt oder nur eingebildet sind. Der wesentliche »Schauplatz« unserer Angsterlebnisse ist offenbar die Phantasieebene. Indem man eine (mögliche) Gefahrensituation in seiner ganz intimen Gedankenwelt mit sich herumträgt, wird die Angst aber keinesfalls greifbarer. Im Gegenteil: Die unbegrenzten Möglichkeiten der Phantasie lassen es oftmals aussichtslos erscheinen, die Ängste eines Menschen wirklich nachzuvollziehen. Zuweilen können nicht einmal die Betroffenen selber ihre angstvollen Phantasien begreifen. Ohne daß ein konkreter Anlaß sichtbar wäre, leiden sie unter ihren Gedanken, die in solchen Fällen alles andere als frei sind. Verdeutlichen wir uns an einem Beispiel, wie sich die Angst immer mehr von der Wirklichkeit entfernen kann:

Wenn ein Kind von einem zähnefletschenden Hund angefallen und gebissen wird, dann erlebt es in diesem Augenblick der akuten Gefahr und des Schmerzes verständlicherweise Angst. Und was geschieht, wenn einige Tage später wieder ein Hund in Sicht kommt? Obwohl sein bloßer Anblick nicht weh tut, wird sich das Kind wahrscheinlich spontan an sein Schreck- und Schmerzerlebnis *erinnern* und einen erneuten Angriff *befürchten,* selbst wenn der Hund fest an der Leine ist oder hinter dem Maschendraht eines Zwingers bellt. Die Einbildung des Kindes erzeugt jetzt schon beim Anblick des Hundes ähnliche Angstreaktionen wie zuvor die schmerzhafte Erfahrung. Diese Assoziationskette kann sich – je nach Ängstlichkeit und Phantasiebegabung des Kindes – noch weiter fortsetzen. Allein die Befürchtung: »Es *könnte* ja ein Hund auftauchen« mag ein

Kind erzittern lassen, obwohl weit und breit kein Vierbeiner in Sicht ist. Die seelischen Spätfolgen eines Hundebisses können so weit gehen, daß schon das Wort oder der Gedanke »Hund« beim Kind ein ängstliches Unbehagen hervorruft – selbst wenn es völlig sicher und geborgen in seinem Bett liegt. Und damit ist die tatsächliche Gefahr auf einen schlichten Gedanken *konditioniert* worden, ohne jedoch viel von ihrer Bedrohlichkeit verloren zu haben!
Wenn wir jetzt noch einmal an das Konditionierungsexperiment mit dem kleinen Albert zurückdenken, wird uns sofort klar, daß auch dort die Einbildungskraft (in Form eines reflexartigen Gedankens) eine entscheidende Rolle spielt: Eigentlich waren es ja gar nicht Ratten, Kaninchen und schließlich Pelzmäntel, die Angst erzeugten, sondern die mit diesen Gegenständen verbundene *unbewußte Erinnerung* an das ursprüngliche Schreckerlebnis.
»Das kann schon alles richtig sein«, mögen jetzt viele Eltern einwenden, »doch unser Kind hat große Angst vor Hunden, obwohl es nie gebissen worden ist.« In der Tat gibt es zahlreiche Kinder, die den Hund scheuen, ohne jemals eine unliebsame Erfahrung mit ihm gemacht zu haben. Wie kommt das? Für manches Kind genügt schon die bloße Vorstellung, daß ein Hund beißen *könnte,* um massive Ängste zu mobilisieren. Es mag beispielsweise seine Spielkameraden (oder auch seine Eltern) dabei beobachten, wie sie einen großen Bogen um einen Hund machen – und diesem Beispiel folgen. Dieses Hineinschlüpfen in die Rolle eines anderen, die *Identifikation mit einem Vorbild* ist nicht nur völlig normal, sondern ein wesentlicher psychologischer Mechanismus, der alle Erziehungsvorgänge wie ein roter Faden durchzieht. Dieses Nachahmen von Verhaltensweisen – seien es Ängste oder

auch liebe Gewohnheiten – ist für die Entwicklung eines Kindes weit wirksamer als alle guten Worte. Der natürliche Drang, sich mit anderen zu identifizieren, wird in einem amerikanischen Experiment auf amüsante Weise illustriert: Einer Gruppe von Kindern wurde die Geschichte eines Indianerhäuptlings vorgelesen, der Süßigkeiten liebte und Saures verschmähte. Unmittelbar nach dem Vorlesen zog mehr als die Hälfte der Kinder eine ziemlich übelschmekkende, süßliche, medizinartige Mixtur einer köstlichen, aber leider nach Zitrone riechenden (also sauren) Scholokade vor. Diese Untersuchung demonstriert nicht nur die ungeheure Suggestivkraft der Identifikation, sondern zeigt auch, daß das Vorbild gar nicht leibhaftig anwesend sein

muß, um das Verhalten des Kindes nachhaltig zu beeinflussen. Der Übergang von der Realität zur gedanklichen Bilderwelt ist beim Kind fließend und seine Phantasie so plastisch und bunt, daß nicht selten sogar Hexen und böse Geister – für die Erwachsenen oft völlig unbegründet – zur tiefempfundenen Wirklichkeit werden können. Wenn wir also von unangenehmen Erfahrungen sprechen, die zu Ängsten führen können, dann müssen wir solche Erlebnisse viel weiter fassen: Selbst eine bloße *Erzählung* kann bereits zum Angstauslöser werden! Die in der bekannten Redewendung »Jemandem Angst machen« umschriebene Unart bedeutet nichts anderes, als daß die *Phantasie* eines Menschen in ängstliche Schwingungen versetzt werden soll.
Allerdings dürfen wir ob solcher Erkenntnisse nicht in übertriebene Vorsicht verfallen und unser Kind vor jeder (möglicherweise) angsterzeugenden Information – sei es eine Geschichte, ein Film oder ein direktes Erlebnis – fernhalten. Im Gegenteil: Ein Kind sollte unbedingt lernen, sich mit neuen und vielleicht auch beängstigenden Situationen auseinanderzusetzen. So verringert sich nämlich die Wahrscheinlichkeit, daß es eines Tages zu übersteigerten Angstreaktionen* neigt.

---

* »Übersteigerte Angstreaktion« – mit einer solchen Bewertung der Angst berühren wir eine schwierige Frage: Wann ist ein Angstgefühl noch »normal«, wann ist es übersteigert? Das kann letztlich nur der Betroffene selbst aus seiner ganz persönlichen Erfahrung heraus beurteilen. Natürlich liefert uns – insbesondere bei Kindern – auch eine gründliche Verhaltensbeobachtung wichtige Indizien für das Ausmaß der Angst. Nur: Allzu leicht laufen wir dabei Gefahr, unsere eigene Sichtweise als Maßstab zu nehmen. Und dann mag es sein, daß wir – je nach Empfindsamkeit – entweder zu unbekümmert reagieren (»Brauchst keine Angst zu haben!«) oder aber die ängstliche Regung des anderen überbewerten. Über dieses Problem werden wir später noch ausführlich sprechen müssen.

4. Angst ohne Grund

Ein nicht ungewöhnlicher Anruf in der Praxis des Psychologen: Eine Frau bittet um ein Gespräch, weil sie unter Ängsten leidet. Den vorgeschlagenen Termin kann sie aber nicht wahrnehmen: »Da ist mein Mann doch zur Arbeit, und ohne ihn kann ich nicht mehr aus dem Haus gehen.« Sobald sie den Fuß aus der Haustür setzt, wird sie nämlich von so starken Angstzuständen, von Herzrasen und Schwindelgefühlen befallen, daß sie sofort umkehren muß, falls sie nicht die beruhigende Anwesenheit ihres Mannes spürt. »Eigentlich hatte ich schon immer Angst, wenn ich außer Haus war«, erklärt sie, »früher habe ich mich aber noch überwinden können. In letzter Zeit ist es dann immer schlimmer geworden.« Woher diese unangenehmen Gefühle kommen, weiß die Anruferin nicht, wovor sie Angst hat, kann sie nicht sagen. Angst ohne Grund – gibt es eine Erklärung dafür? Die Verhaltensforscher haben eine Antwort parat: »Die Welt ist dehostilisiert*; die wilden Tiere sind weitgehend ausgerottet worden, Aberglaube und Gespenster an unheimlichen Orten sind durch die Aufklärung beseitigt worden, so daß die Angst und die Furcht, die hier investiert waren, jetzt frei flottieren** und sich Inhalte suchen.«***

---

* Lat. »hostis« = der Feind. Die Welt ist »dehostilisiert« heißt also, daß die Welt dem zivilisierten Menschen weniger Feinde bietet als in grauer Vorzeit. Ist das nicht ein Irrtum? Gewiß, die wilden Tiere leben meist hinter Gittern. Doch ist der Anblick eines Tigers oder Panthers nicht viel sympathischer als der Gedanke an Maschinengewehre, Raketen oder Folterinstrumente?

** Bei diesem eigenartigen Begriff handelt es sich um die Eindeutschung des englischen Wortes »floating«, was soviel wie »fließend, treibend, schwebend« bedeutet.

*** Aus einem Diskussionsbeitrag von Prof. Dr. Rudolf Bilz. In: Hoimar *von Ditfurth* (Hrsg.): Aspekte der Angst. München 1977.

Das heißt also: Der Mensch besitzt von Natur aus eine Art Angsttrieb, den er früher in der Auseinandersetzung mit seinen natürlichen Feinden ausleben konnte. Doch die Zivilisation hat diese eigentlich willkommenen Gegner weitgehend unter Kontrolle gebracht. So quält und peinigt die Angst den Menschen auf rätselhafte Weise, so daß er in seiner Ratlosigkeit in dem wohlklingenden Begriff »Existenzangst« Zuflucht sucht oder diese allgemeine, grundlose Angst auf handfeste Objekte überträgt.
Soweit diese Theorie der Angst, die uns Angst machen kann, wenn wir daran glauben. Sicher – die Übertragung einer *scheinbar* grundlosen Angst auf konkrete Dinge kann man häufig beobachten: Besonders jüngere Kinder neigen ja dazu, ihrem gelegentlichen namenlosen Unbehagen durch eine Reihe von Phantasiefiguren (wie Gespenster, Einbrecher, »schwarze Männer«) Gestalt zu geben. Doch wenn man von einem Angsttrieb ausgeht, dann vertritt man die pessimistische Auffassung, daß der Mensch zur

naturgewollten Angst verdammt sei, die paradoxerweise sein Wohlbefinden um so nachhaltiger stören müßte, je *weniger* tatsächliche Gründe vorhanden sind.* Das wären in der Tat trübe Aussichten, doch unsere bisherigen Überlegungen dürften uns wieder optimistisch stimmen. Denn wir wissen: Obwohl das Prinzip »Angst« in seiner ursprünglichen Form nicht an konkrete Objekte und Situationen gebunden ist, läuft es dennoch nicht auf unerklärliche, triebhafte Weise Amok, sondern reagiert auf bestimmte Auslöser – sei es etwas Plötzliches oder Fremdartiges. Diese Angstauslöser sind – bevor sie sich durch Lernvorgänge (Konditionierung!) immer mehr »verfeinern« – von einem hohen Allgemeinheitsgrad. Und das ist auch gut so! Denn wie hätte die Natur vor Jahrmillionen ahnen können, daß in ferner Zukunft ein plötzlich heranschießender lebensbedrohender Schatten sich nicht auf messerscharfen Krallen, sondern auf vier Gummireifen fortbewegen würde? Ohne einen Angsttrieb vorauszusetzen, kann man also viele der rätselhaften, scheinbar grundlosen Angstzustände als elementares Gefühl umschreiben, bedroht oder gar angegriffen zu werden – wobei sich der Betroffene der jeweiligen Auslöser nicht (oder nicht mehr) bewußt ist.
Genau diese Beklemmung empfand jene Frau, die psychologischen Rat suchte, weil sie sich nicht mehr aus dem Haus

---

* Trotz dieses Widerspruchs führen einige Verhaltensforscher als Beweis für einen Angsttrieb gern folgende Tatsache an: In Kriegszeiten (also in Zeiten zahlreicher *konkreter* Angstanlässe) sind viele sogenannte Angstneurotiker völlig beschwerdefrei. Doch statt der Spekulation »Der Angsttrieb kann sich im Krieg ja ausleben« gibt es eine viel plausiblere Erklärung für diese Beobachtung: Angesichts der unmittelbaren Existenzbedrohung werden ängstliche Phantasien völlig nebensächlich. Wer sich in Lebensgefahr befindet, hat – schlicht gesagt – einfach keine Zeit, sich mit »inneren Problemen« auseinanderzusetzen.

traute. Das Gefühl der Bedrohung durchsetzte ihre Gedanken und Vorstellungen infolge fortschreitender Generalisierung in zunehmendem Maße, bis sie schließlich vor »fast allem« Angst hatte. Da sie stets im voraus »ganz sicher« war, daß ihre »Zustände« kommen würden, igelte sie sich immer mehr in ihren vier Wänden ein und ging mit dieser Rückzugsstrategie der (befürchteten) Angst von vornherein aus dem Wege. *Angst vor der Angst* – so könnte man diesen verhängnisvollen Teufelskreis nennen. Offensichtlich hat der Mensch keinen Drang danach, seine Angst auszuleben, sondern sie möglichst wenig zu erleben. Wenn schon von »Trieb« die Rede ist, so müssen wir festhalten: Es gibt keinen Trieb *zur Angst,* sondern *von der Angst weg!**

Wir sehen, daß die Angstauslöser oft viel zu verwickelt sind, als daß man sie lediglich auf Greifbares oder zumindest irgendwie Sichtbares beziehen könnte. Damit würden wir all jene Ängste in den großen Topf der unerklärlichen (und damit kaum oder nur schwer lösbaren) »Existenzängste« werfen, die uns letztlich am meisten zu schaffen machen: vergessene (oder verdrängte) Angsterlebnisse, die sich – einmal bewußt gemacht – fast immer bis in die Kindheit zurückverfolgen lassen; außerdem jenes weitverbreitete Unbehagen, welches – ebenfalls in der Kindheit geprägt – das Leben oftmals zur Qual werden lassen kann: die *Gewissensangst* (vgl. S. 143). Diese schwer faßbare und

---

* Eine scheinbare Ausnahme ist die sogenannte Angstlust, das erzielte Aufsuchen jener Situationen, die einem Angst machen. Doch abgesehen von manchen Mutproben, die zwar eine echte Gefährdung darstellen mögen, in denen aber der Wunsch nach Selbstbestätigung stärker ist als die Angst, erlebt man den »Nervenkitzel« nur dort, wo keine unmittelbare Gefahr lauert. Die Angst in feiner Dosis wird offenbar (gerade noch) als angenehm oder gar anregend empfunden.

scheinbar grundlose »innere« Angst hat der dänische Philosoph Sören *Kierkegaard* (1813–1855) schon im letzten Jahrhundert mit wenigen Sätzen auf den Boden der Tatsachen gestellt und damit entlarvt:
»Pfarrer und Philosophen protestieren gegen die Theorie, welche die menschliche Angst ganz banal und irdisch zurückführt auf empirische* Dinge in der Lebensgeschichte des Menschen. Sie wollen die neurotische Angst, die sie selbst genauso spüren wie andere, gern adeln, indem sie sie überhöhen zu einer eigentlich-menschlichen, philosophischen oder religiösen Dimension. Und sie haben es leicht, denn eine oberflächliche Betrachtung der Angst scheint ihnen oft rechtzugeben. Viele Menschen leben in einer dunklen, unentrinnbaren Angst, die immer wieder ohne sichtbaren äußeren Anlaß einfach da ist . . . Wir kommen dem Verhältnis dieser Angst näher, wenn wir bedenken, daß die Menschen, die in einer angsterzeugenden Gesellschaft aufgewachsen sind, immer mit der bedrohlichen Umwelt zusammenleben, der sie schon in der Kindheit ausgesetzt waren; sie haben ja diese bedrohliche Umwelt verinnerlicht. Sie tragen die bedrohliche Richterinstanz, die einst außerhalb von ihnen in ihren Eltern verkörpert war, nun in sich, und ängstigen sich auch dann, wenn alle Menschen freundlich zu ihnen sind«. Gerade weil ein gegenwärtiges Angstgefühl nur aus der persönlichen Entwicklungsgeschichte des Menschen erklärbar ist, läßt sich die Frage »Warum habe ich Angst?« wohl so gut wie nie mit einem spontanen, unmißverständlichen »Weil . . .« beantworten. Es gibt nicht »den« Grund für die Angst, sondern wir stehen meist vor einer langen Kette von Ursa-

---

* empirisch = durch Erfahrung gewonnen

chen und Auslösern, die sich in vielen Fällen nur mit Geduld, in behutsamer Kleinarbeit, ja mit detektivischem Spürsinn zurückverfolgen läßt.

5. Angst kann man »löschen«

So lästig sie auch sind – Kindheitsängste können bis ins hohe Alter wirksam bleiben. Und sicherlich »pflegen« wir alle eine Reihe kleinerer oder größerer Ängste, die uns seit Jahren oder Jahrzehnten belästigen, ohne daß wir ihnen bislang beigekommen wären. Es liegt nahe, zu fragen, ob die einmal entstandenen Ängste des Menschen zum unauslöschlichen »Markenzeichen« seiner Persönlichkeit werden. Die Antwort: natürlich nicht! Denn das würde ja gleichzeitig bedeuten, daß sich im Laufe eines langen Lebens im Menschen immer mehr Ängste anhäufen würden, bis er sich schließlich vor Angst kaum noch rühren könnte. Normalerweise gelingt es immer wieder, die eine oder andere Unsicherheit in den Griff zu bekommen, ja zuweilen verschwindet ein Angstgefühl scheinbar wie von selbst, ohne daß wir für diese erfreuliche Entwicklung einen Grund angeben könnten. Doch auch beim Abbau der Ängste wirken psychologische Gesetzmäßigkeiten, nach denen jede »Programmierung« der Angst wieder rückgängig gemacht werden kann. »Löschen« heißt der Fachausdruck und bedeutet nichts anderes als die wiederholte Erfahrung, daß ein Angstgefühl eigentlich unbegründet oder übertrieben ist. Dazu muß man sich allerdings mit einer angstauslösenden Situation auseinandersetzen – sei es gezielt oder zufällig, sei es »vor Ort« oder auch nur gedanklich.

Noch wirksamer läßt sich die Angst löschen, wenn man ihr mit einer positiven Gegenkraft Paroli bietet. Dazu ein

Beispiel: Ein Vorschulkind mit ausgeprägter Hundeangst sieht, wie man einen Hund in den Raum führt. Als sich gerade die ersten Angstreaktionen melden wollen, wird das Kind mit einem Stück Schokolade besänftigt. Sogleich hellen sich seine Gesichtszüge auf, und nach kurzer Zeit toleriert es die Anwesenheit des bedrohlichen Vierbeiners – natürlich in gebührendem Sicherheitsabstand. In den nachfolgenden Sitzungen bringt man den Hund allmählich immer näher an das Kind heran, wobei weitere Süßigkeiten die unangenehme Situation immer erträglicher werden lassen. Nach einiger Zeit kann man das Kind sogar dazu bewegen, den Hund zu streicheln. Wenn darüber hinaus noch andere Kinder unbefangen mit dem Hund spielen (Vorbildwirkung!), ist alsbald jedes Bangen und Zittern verflogen. Auf diese Weise läßt sich eine übertriebene

Hundeangst besiegen, wobei es allerdings ganz sinnvoll ist, dem Kind noch eine gewisse skeptische Zurückhaltung, also *Vorsicht* vor dem nicht immer ungefährlichen Vierbeiner, zu erhalten.
Unser Beispiel zeigt, daß sich nicht nur Angst- und Schreckerlebnisse, sondern auch positive Erfahrungen mit Lebewesen, Gegenständen und Situationen koppeln lassen. Ganz folgerichtig spricht man dabei von *Gegenkonditionieren,* einer »Umpolung«, die man mit Recht als Schlüssel zur Angstbewältigung bezeichnen kann. Wenn man sich nämlich einer beängstigenden Situation zunächst in Gedanken, dann in der Wirklichkeit Schritt für Schritt stellt und spürt, daß man sie immer gelassener und (körperlich) entspannter ertragen kann, so ist es nur noch eine Frage der Zeit, wann die Angst überwunden ist.*
Man braucht aber nicht zwangsläufig einen Psychologen, um seiner unbegründeten oder übertriebenen Ängste Herr zu werden. Im Wechselspiel des Alltags machen wir ja nicht nur negative, sondern auch positive Erfahrungen und bauen auf diese Weise so manches Angstgefühl ab – sei es durch Zufall oder durch ganz bewußtes und systematisches Aufsuchen einer »kritischen« Situation. In verschiedenen Studien zur Wirksamkeit psychotherapeutischer Bemühungen kann man nachlesen, daß ein großer Teil von Ängsten auch ohne Behandlung irgendwann verschwindet. Diese Besserung eines Persönlichkeitsproblems ohne therapeutische Einwirkung nennt man *Spontanremission,* obwohl eine solche Angstbewältigung in der Regel weder spontan ist, noch über Nacht gelingt. Denn je ängstlicher ein

* Diese systematische »Entängstigung« nennt man auch *Desensibilisierung* oder *Desensitivierung* (vgl. Teil C, S. 184).

Mensch ist, desto eher wird er versucht sein, sich in ein Schneckenhaus zurückzuziehen und sich einem trügerischen Frieden hinzugeben – um dann schließlich feststellen zu müssen, daß er aus seiner angstvollen Gedankenwelt kaum entfliehen kann, falls er sich nicht der Wirklichkeit stellt.

III. Kurze Rückschau

Wie unangenehm das *Gefühl* der Angst auch sein mag, dieser *innere Spannungszustand* hat die nützliche Aufgabe, den Menschen vor einer Gefährdung von Leib und Leben zu schützen. Sinnvollerweise wird die Angst bereits ohne Vorerfahrung durch eine Reihe von unspezifischen *Auslösern* auf den Plan gerufen, die durch den *bedrohlichen Charakter* des Fremdartigen, Plötzlichen und Heftigen gekennzeichnet sind.

Untrennbar mit der Angst verknüpft, ist eine *allgemeine körperliche Erregung,* eine Mobilisierung des gesamten Organismus als wichtige Voraussetzung für eine erfolgreiche Bewältigung einer Gefahrensituation – sei es durch *Flucht, Angriff* (Flucht nach vorn) oder *Erstarren* (Flucht nach innen). Durch das *Meiden* eines drohenden Übels versucht man, ein (befürchtetes) Angstgefühl von vornherein auszuschließen.

Die *Ängstlichkeit* des Menschen – also seine Bereitschaft, mehr oder weniger empfindsam auf Angstreize zu reagieren – ist zwar durch seine Erbanlagen mitbestimmt, aber frühe Lernprozesse können zu einer entscheidenden Veränderung dieser Eigenschaft führen.

Alle *konkreten Ängste* vor Lebewesen, Gegenständen und

Situationen werden ebenfalls gelernt. Dieser »Programmierungsvorgang«, bei dem eine neutrale oder positiv erlebte Gegebenheit (z. B. ein Pelztier) mit einer unangenehmen Erfahrung (z. B. mit plötzlichem Lärm) gekoppelt wird, nennt man *Konditionierung*. Die konditionierte Angst *kann* sich allmählich ausweiten, indem sie sich auf ähnliche Gegebenheiten überträgt. Eine solche *Generalisierung* kann so weit gehen, daß bereits ein bloßer Gedanke angstauslösend wird. Ein großer Teil der alltägli-

chen Ängste besteht offenbar in der *gedanklichen Vorwegnahme,* in der *Erwartung* einer unangenehmen Situation. Der wesentliche Ort der Angst ist also die *Phantasie* des Menschen.
Da der Generalisierung von Angst auf der Phantasieebene keine Grenzen gesetzt sind, kann sie sich mehr und mehr von ihrem ursprünglichen Auslöser entfernen und immer allgemeiner werden, bis sie sich schließlich auf »fast alles« bezieht. Solche scheinbar grundlosen »frei schwebenden« Ängste – die sich oftmals ohne erlebtes Angstgefühl in einer allgemeinen Unruhe und Nervosität oder in *körperlichem* Unwohlsein bemerkbar machen – können auch dadurch entstehen, daß man die Ursachen bestimmter Ängste vergessen hat oder nicht wahrhaben möchte.
Ängste werden aber nicht nur erworben, sondern können auch *verlernt* oder – wie man sagt – *gelöscht* werden. Dies geschieht durch die wiederholte Erfahrung, daß eine bestimmte ängstliche Erwartung eigentlich unbegründet oder übertrieben ist. Um bei einer erneuten Konfrontation mit dem Angstauslöser eine Verstärkung der Angst zu vermeiden, hat sich eine schrittweise und systematische Annäherung *(Desensibilisierung)* bewährt. Dieser Löschvorgang wird immer dann besonders wirksam sein, wenn das Angsterlebnis mit positiven Erfahrungen gekoppelt wird. In diesem Fall spricht man von *Gegenkonditionieren* – einem Vorgang, der sowohl im zufälligen Wechselspiel des Alltags als auch in der gezielten psychologischen Therapie als Schlüssel zur Angstbewältigung bewertet werden kann.

Teil B:
Die Ängste der Kinder

Nachdem wir das komplizierte »Wesen« der Angst kennengelernt haben, wollen wir nun jene typischen Ängste ausführlich besprechen, die eigentlich die Entwicklung aller Kinder in mehr oder weniger starkem Maße begleiten. Zunächst gehen wir auf die »Urangst« des Säuglings ein, dann auf die kindlichen Trennungsängste. Die Angst vor allem Neuen, die »Schwellenangst« also, wird anschließend behandelt. Danach widmen wir uns der Angst vor Ablehnung, der Gewissensangst und der Angst vor Mißerfolg. Allerdings wollen wir uns keinesfalls mit bloßen Beschreibungen zufrieden geben, sondern eine möglichst gründliche »Ursachenforschung« betreiben und eine Reihe von Möglichkeiten zur Bewältigung kindlicher Ängste aufzeigen. Darüber hinaus werden wir interessante Indizien dafür finden, daß unsere »erwachsenen« Ängste nicht selten sehr eng mit unserer eigenen Kindheit verknüpft sind. Doch beginnen wir ganz von vorn, sozusagen beim »ersten Schrei« des Kindes!

I. Am Anfang ist »die« Angst

»Na, die möchte ich nicht geschenkt haben – das ist vielleicht ein Schreikind! Daran werden Sie noch Ihre helle Freude haben, Sie sind wirklich nicht zu beneiden!« Das war der ebenso knappe wie beißende Kommentar einer ausgebildeten Säuglingsschwester, als sie die gerade 14 Tage alte Gesa ihrer Mutter präsentierte. Wegen Komplikationen bei der Geburt (Kaiserschnitt, Untergewichtigkeit des Säuglings) waren Mutter und Kind zur medizinischen Versorgung sofort getrennt worden. Und nun überschattete diese düstere Prognose den ersten Mutter-Kind-Kontakt. Durch diese Worte schockiert und verunsichert, brachte Gesas Mutter nur die bange Frage heraus, was denn ein »Schreikind« sei. Die Antwort der Fachkraft räumte alle Zweifel aus: »Es gibt Kinder, die werden als ruhige Kinder geboren. Und es gibt Kinder, die werden als Schreikinder geboren. Das sind ganz einfach Kinder, die immer schreien. Und die bleiben auch so. Wenn auf unserer Station ein Kind brüllt, dann ist es Ihres. Die schreit manchmal zwei Stunden lang.« Mit zitternden Knien trat die ratlose Mutter an das Kinderbettchen heran und sah darin ein kahlköpfiges schlafendes Etwas liegen. Zumindest in diesem Augenblick schien sich Gesa eine Ruhepause zu gönnen.

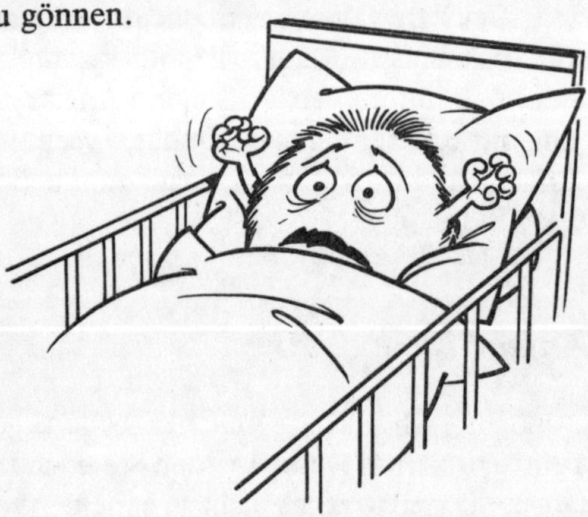

Von nun an besuchte die Mutter ihr Kind täglich, beobachtete seine Entwicklung mit ganz großer Aufmerksamkeit und machte sich ausführliche Notizen. So haben die wenig einfühlsamen Bemerkungen der Säuglingsschwester zumindest den positiven Nebeneffekt, daß uns eine detaillierte Schilderung vorliegt, die unsere bisherigen Überlegungen zur Entstehung der Angst in plastischer Anschaulichkeit widerspiegelt:
»Der Raum war kahl und sehr hell. Tag und Nacht brannten die Neonleuchten, damit man die Gesichtsfarbe der Kinder besser überprüfen kann – wie man mir sagte. Durch eine ständig geöffnete Tür drang ein Piepen und Klopfen – Geräusche der medizinisch-technischen Überwachung jener Säuglinge, die noch nicht bei Kräften waren. Schwestern riefen sich mit lauten Stimmen Anweisungen zu, und dann und wann fiel etwas Metallenes scheppernd auf den harten Fußboden. Immer wenn es ein solches lautes Geräusch gab, weinte oder schrie Gesa. Sie zuckte sogar im Schlaf zusammen, wenn andere Eltern ihre Säuglinge mit Blitzlicht oder Sofortbildkameras fotografierten. Es war in der Tat so, wie die Säuglingsschwester gesagt hatte: Wenn ich in die Klinik kam, konnte ich fast immer damit rechnen, daß Gesa weinte.« Ist das ein Wunder? Fremdartiges, Bedrohliches, Plötzliches, Lautes in Hülle und Fülle – wie soll ein gerade geborenes Menschenkind in einer solchen Umgebung Vertrauen zu dieser Welt gewinnen? Sicher, nicht alle Kinder reagierten auf diese kinderfeindliche Krankenhausatmosphäre* so heftig wie

* Das soll natürlich nicht heißen, daß eine Krankenhausatmosphäre *grundsätzlich* kinderfeindlich ist. Sicherlich gibt es eine Reihe von Säuglingsstationen, die – soweit es die medizinischen Notwendigkeiten zulassen – der hohen Sensibilität neugeborener Kinder weitgehend Rechnung tragen.

Gesa. Aber wie wir wissen, kann die individuelle Empfindsamkeit bereits bei Neugeborenen sehr unterschiedlich ausgeprägt sein. Ob sich daraus allerdings zwangsläufig eine erhöhte Ängstlichkeit entwickelt, das ist – trotz gegenteiliger Behauptung der Säuglingsschwester – in entscheidendem Maße davon abhängig, welche Erfahrungen das Kind mit seiner Umwelt macht.

Für Gesa waren diese neuen Eindrücke zunächst alles andere als erbaulich. Die nächsten Probleme gab es mit dem Ernährungsplan, der vom Pflegepersonal willkürlich umgestellt und in gnadenloser Konsequenz eingehalten wurde. Lassen wir die Mutter weiter berichten:

»Gesa wog bei der Geburt unter 5 Pfund. Ihre Gewichtszunahme lag bei 20–25 g täglich. Nach etwa 16 Tagen sagte man mir, man werde statt 6 mal 90 g jetzt 5 mal 130 g füttern und die Nachtflasche weglassen. Gleich in der ersten Nacht schrie Gesa fast unentwegt – aber man ließ sie schreien. Meine Bitte, ihr doch nachts wenigstens eine kleine Menge Milch zu geben, wurde aus organisatorischen Gründen abgelehnt. Am nächsten Morgen war das Kind so erschöpft, daß es nur noch 90 g trank. Als man ihr die restlichen 40 g auch noch eintrichtern wollte, erbrach sie alles. Das ging zwei Tage so. Meine Bitte, den alten Ernährungsrhythmus wieder einzuführen, wurde schroff abgelehnt. Gesa erbrach weiter und wurde schließlich künstlich ernährt.«

Was nutzte es da noch, daß die Mutter durch Rücksprache mit dem Chefarzt den alten Ernährungsplan wieder durchsetzen konnte? Die Nahrungsaufnahme war bereits negativ konditioniert: Der bloße Anblick der Flasche war für das Kind ein Greuel. Und prompt erbrach es die Nahrung immer wieder, was zur Folge hatte, daß es immer langsamer an Gewicht zunahm. Und damit verschob sich der Entlassungstermin des Kindes auf unbestimmte Zeit. »Wenn das Kind in allem stabiler ist . . .« – so wurden die Eltern vertröstet. Nur: Gesa wurde immer instabiler und begann in ihrer vierten Lebenswoche sogar leicht zu fiebern. Da wurde es den Eltern schließlich zu bunt und sie holten das Kind in einer Art »Nacht- und Nebelaktion« nach Hause. Vier Wochen lang Hektik, Lärm und Zwang, sterile medizinische Versorgung ohne einen Funken psychologischer Einfühlung; Zuwendung und Geborgenheit nur in täglichen Raten während des Besuchs der Mutter – wie erträgt das eine kleine Kinderseele?

»Zu Hause tat Gesa erst einmal eines: Sie schrie!« – so fährt die Mutter in ihrer Schilderung fort, »sie schrie und ließ sich durch nichts beruhigen.« Würde sich die entmutigende Vorhersage der Säuglingsschwester erfüllen? Sehen wir weiter: »Ich brachte Gesa in das für sie vorgesehene Zimmer. Dort war es dämmrig und still. Ich redete leise mit ihr, summte einige Melodien, wärmte sie mit meinem Körper, legte meine Wange an ihre Wange – bis sie schließlich vor Erschöpfung einschlief. Von nun an fütterte ich sie ganz ohne Plan, also nur auf Verlangen, wenn ihre Lautäußerungen mir zeigten, daß sie Hunger hatte. Und sobald sie weinte oder schrie – egal ob am Tage oder in der Nacht – nahm ich sie grundsätzlich auf, streichelte sie und redete leise mit ihr. Zunächst schien es so, als müsse sich Gesa erst einmal an die Ruhe gewöhnen. Doch schon am zweiten Tag weinte sie merklich weniger. Und was ich nicht zu hoffen wagte: Von Tag zu Tag wurde sie zusehends ruhiger. Ich achtete selbstverständlich darauf, daß keine Tür schlug, vermied jedes plötzliche Geräusch und bat jeden Besucher, möglichst leise zu sprechen.« Die ruhige, gleichmäßige, freundliche und warme Atmosphäre hatte ihre Wirkung! Nach etwa drei Wochen meldete sich das »schlimme Schreikind« Gesa nur noch auf ganz bestimmte (Grund-)Bedürfnisse wie Hunger, Schmerz, »Windel voll« mit Schreien. Ohne einen Augenblick zu zögern, versuchte ihre Mutter, *jedes* Bedürfnis *sofort* zu befriedigen.

1. Überleben!

Wie für Gesa gibt es für alle Säuglinge in den ersten Lebenstagen und -wochen eigentlich nur eine einzige Angst: die *Todesangst.* Und in dieser Hilflosigkeit stehen nur wenige Reaktionsmöglichkeiten zur Verfügung, die von der Umwelt registriert werden: Strampeln, Weinen und Schreien. So muß jedes Weinen und Schreien als *Warnsignal* des Unwohlseins verstanden werden, häufig sogar als Ausdruck einer fundamentalen Existenznot. Dabei macht es für das Erleben des Babys keinen Unterschied, ob eine Säuglingsschwester achtlos einen Gegenstand zu Boden fallen läßt, ob es Hunger hat oder durch laute Stimmen aus dem Schlaf gerissen wird. In all diesen Fällen meldet sich mehr oder weniger stark sein Selbsterhaltungstrieb, der – wenn er unbefriedigt bleibt – massive Überlebensängste weckt. Natürlich erlebt der Säugling auch weniger dramatische Unlustgefühle, wie beispielsweise seine nassen Windeln. Das Protestgeschrei ob dieser Unbequemlichkeit richtet sich übrigens nicht allein gegen das Gefühl der Nässe. Wenn man nämlich trockengelegte Babys dem *Geruch* schmutziger Windeln aussetzt, so protestieren die Kleinen ebenfalls mit Strampeln und Gebrüll. Immer wenn ein Baby Angst und Unlust empfindet, sollte es also die Nähe der Mutter hautnah spüren: durch Streicheln und Wiegen im Arm, durch tröstende Worte und leises Singen – so wie es wohl die meisten Mütter instinktiv tun, um eine Beruhigung des Kindes zu erreichen. »Sobald ein Säugling schreit, soll man ihn aufnehmen und beruhigen? Also ich weiß nicht so recht – da gibt es doch ganz unterschiedliche Auffassungen!« – so brachte eine Mutter im Beratungsgespräch ihre Skepsis gegen diese totale Zuwendung in der ersten Lebensphase des Menschen zum Ausdruck. »Mir hat der Arzt damals dringend geraten, mein Kind in den ersten Tagen nach dem Krankenhausaufenthalt nachts erst einmal schreien zu lassen, damit es sich an den Tag-Nacht-Rhythmus gewöhnt und ich nachts meine Ruhe habe.« Leider – so muß man sagen – gibt es zu diesem Thema tatsächlich noch immer unterschiedliche Meinungen. »Schreien kräftigt die Lungen!« – selbst diese ebenso konservative wie gedankenlose Meinung hat sich im Bewußtsein vieler Mütter anscheinend unauslöschlich festgesetzt. Überdies werden auch tiefergehende Überlegungen herangezogen, um eine frühe Erziehung zur »Selbstdisziplin« plausibel zu begründen: »Wenn man einen Säugling bei jedem Schreien gleich hochnimmt, so gewöhnt er sich doch an diesen angenehmen Zustand. Und schließlich schreit er nur noch, um sich Zuwendung zu erbetteln. Auf diese Weise erzieht man sein Kind doch zum Haustyrannen!«

Dabei übersieht man aber, daß Säuglinge grundsätzlich *nur* dann schreien, wenn sie sich *tatsächlich* unwohl fühlen. Sobald man die Ursache gefunden hat und abstellt, wird man allenfalls noch ein zufriedenes Glucksen wahrnehmen können. Läßt man das Kind jedoch schreien – und wie wir wissen, kann sich dahinter eine massive Existenzangst verbergen! –, so wächst sein Gefühl der Unsicherheit und Ungeborgenheit ständig, durchsetzt seine gesamte Wahrnehmung und Erlebniswelt, bis das hilflose Geschöpf schließlich zum »Schreikind« wird oder – und das ist fürwahr ein zweifelhafter Erfolg – sich resigniert-schweigend in sein Schicksal ergibt.

Diese Beobachtung wird in einer aufschlußreichen Untersuchung der amerikanischen Forscherinnen Silvia *Bell* und Mary *Ainsworth* wissenschaftlich untermauert: In einer aufwendigen Verhaltensbeobachtung wurde bei einer Gruppe von Säuglingen während der ersten drei Monate gezählt, wie oft ihr Weinen und Schreien von der Mutter durch Aufnehmen, Streicheln und tröstende Worte besänftigt wurde. Als die Kinder neun Monate alt waren, wurden sie erneut für einen längeren Zeitraum beobachtet. Das Ergebnis war eindeutig: Jene Kinder, deren Weinen in den ersten drei Lebensmonaten häufig keine Beachtung fand, waren gegen Ende des ersten Lebensjahres bedeutend weinerlicher als die sofort beruhigten und getrösteten Kinder.

Auch das Beispiel der kleinen Gesa hat uns ja schon gezeigt, daß eine unmittelbare und kompromißlose Befriedigung kindlicher Bedürfnisse aus einem »Quälgeist« ein zufriedenes Kind machen kann. Wir werden noch sehen, wie dieser »schwierige« Säugling in seiner weiteren Entwicklung zu einem wahren »Sonnenschein« wird. Umgekehrt ist es aber auch möglich, eine ursprünglich robuste Kinderseele in wenigen Wochen zu zerbrechen: Im Gegensatz zu Gesa zeigte sich der kleine Florian während seines Krankenhausaufenthaltes quietschvergnügt. Unruhe und Hektik schienen ihm gar nicht so viel auszumachen. Auch das Füttern nach Plan erzeugte bei ihm keinerlei Unmut. Und was ist mittlerweile aus ihm geworden? Florian ist 12 Monate alt, und man kann ihm schon am Gesicht ablesen, wie irritierbar und ängstlich er ist. Den Grund für den rapiden Wandel dieser kleinen Persönlichkeit liefert die Mutter in einer kurzen Darstellung ihrer Auffassung von Säuglingserziehung: »Wenn Florian schreit, laß ich ihn erst einmal schreien. Entweder er beruhigt sich wieder – oder nicht. Wenn er aus Zorn schreit, dann soll er ruhig weiterschreien. Wenn er aus Angst schreit, dann ist das ja etwas anderes.«

Sicher: Schon recht bald ist es für eine aufmerksame Mutter möglich, aus dem Schreien des Kindes seine unterschiedlichen Motive herauszuhören. Nur hat Florians Mutter dabei eines übersehen: Wenn ein Kind aus Zorn schreit, dann steckt dahinter ebenfalls ein unbefriedigtes Bedürfnis. Ja, in vielen Fällen ist ein wütendes Gebrüll letztlich auch eine Reaktion auf eine tiefempfundene Todesangst – der trotzige Aufschrei: »Ich will überleben!« Und ein Kind in dieser Hilflosigkeit alleinzulassen – das kann der Grundstein für seine spätere Ängstlichkeit sein!

»Theoretisch leuchtet mir das ja ein«, wandte eine Mutter ob solcher radikaler Forderungen an ihre Einsatzbereitschaft skeptisch ein, »aber wenn noch Geschwister da sind, die versorgt werden wollen, wenn die tägliche Hausarbeit zu erledigen ist – wie soll man dann eine immerwährende ruhige und freundliche Atmosphäre schaffen und ständig bereit sein, wenn das Kind schreit? Hinzu kommt, daß ich ja kaum eine Nacht durchschlafen kann. Ich fühle mich einfach überfordert!«

Daß die Versorgung eines Säuglings eine Mutter oft bis an die Grenzen ihrer Leistungsfähigkeit strapaziert, steht außer Frage – besonders wenn mehrere Kinder ihr Quantum an mütterlicher Zuwendung verlangen. Deswegen muß sich die *ganze* Familie angesprochen fühlen, wenn es um das Wohlergehen des Babys geht – auch der *Vater,* der

sich leider allzugern an seiner Verantwortlichkeit vorbeimogelt: »Ein Säugling ist nichts für Männer . . .!«
Nein, da muß man energisch widersprechen: Auch wenn das kleine hilflose »Bündel« vom Vater aufgenommen und gestreichelt wird, fühlt es sich geborgen. Seine Bezugsperson muß nicht notwendigerweise und auch nicht ausschließlich die Mutter sein. Vor allem während der Nacht sollten sich die Ehepartner den »Dienst am Nachwuchs« teilen, so daß der Schlafmangel der Mutter in erträglichen Grenzen gehalten wird. Was die Geschwister betrifft, so kann man immer wieder eine interessante Beobachtung machen: Je mehr Zuwendung sie in ihrer eigenen Säuglingszeit und während ihrer weiteren Entwicklung genossen haben, desto geringer wird ihre Eifersucht auf das Kleine sein. Um so eher sind sie auch bereit, der Mutter bei der Versorgung des Nachwuchses tatkräftig zur Hand zu gehen, selbst wenn sie erst drei oder vier Jahre alt sind. Bereits in dieser Zeit kann sich also jener verhängnisvolle Teufelskreis schließen, der durch eventuelle Versäumnisse bei der Versorgung des *ersten* Kindes unmerklich in Gang geraten ist: Sobald sein Geschwisterchen zur Welt gekommen ist, verlangt es immer mehr Zuwendung, wird gereizt, »quengelig«, aggressiv, raubt seiner Mutter den letzten Nerv* und provoziert damit nicht nur verstärkte Ablehnungsreaktionen; durch sein Verhalten sabotiert es auch – meist mit Erfolg – den für das Baby so notwendigen Familienfrieden. Am Ende dieser ungünstigen Entwicklung steht viel-

---

* Eine ganz typische (unbewußte) Eifersuchtsreaktion ist das Bettnässen bei Kindern, die bereits »sauber« waren. Ein solches Verhalten nennt man *Regression* (= Rückschritt in ein früheres Entwicklungsstadium). Offenbar will das Kind »wieder klein sein«, um die gleiche Bemutterung zu genießen wie sein jüngeres Geschwisterchen.

fach eine völlig entnervte Mutter, der die Erziehung ihrer zwei, drei Kinder völlig über den Kopf gewachsen ist.

»Wehret den Anfängen!« möchte man sagen und noch einmal betonen: Jeder Einsatz an Zuwendung und Aufmerksamkeit, den man für sein Kind in den ersten Lebensmonaten aufbringt, ist gleichsam ein ungeheuer wichtiger »Baustein« für eine zufriedene, ausgeglichene kleine Persönlichkeit, die eigentlich gar nicht erzogen werden muß, sondern sich allmählich – wie selbstverständlich – ins Familienleben eingliedert. Gewiß, es gibt ungünstige Umstände oder unvorhergesehene Ereignisse, die immer wieder die Harmonie im Kinderzimmer stören können. Doch es ist ja gar nicht notwendig, für den kleinen Erdenbürger mit aller Gewalt ein perfektes und ideales »Nest« zu bauen. Natürlich muß die Familie nicht ihre gesamten Lebensgewohnheiten umstellen – nur noch flüstern, auf Zehenspitzen durch die Wohnung schleichen und jede Lautäußerung peinlichst unterlassen. Wenn man sich wenigstens der eminenten Bedeutung einer ruhigen und friedlichen Atmosphäre *bewußt* wird, dann hat man eigentlich schon einen wesentlichen Schritt getan. Was man natürlich möglichst vermeiden sollte, sind *plötzliche, laute* Geräusche, wie sie beim achtlosen Türenschlagen, beim Hinfallen von Gegenständen oder beim heftigen Öffnen und Schließen von Fenstern und Rolläden entstehen. Sicherlich ist es auch nicht zu viel verlangt, daran zu denken, daß böse und *harte Worte,* die in Gegenwart des Säuglings fallen, tief in seine kleine Seele eindringen und schon in seinen ersten Lebenstagen zur Prägung einer erhöhten Ängstlichkeit führen können. Im Gespräch mit Eltern von auffällig ängstlichen Kindern hat sich immer wieder gezeigt, daß es gar nicht so sehr die vielzitierten

»Sachzwänge« waren, die in den ersten Lebensmonaten des Säuglings einen Mangel an Ruhe und Zuwendung verursachten. Vielmehr waren Unkenntnis, wohlgemeinte (aber falsche) Ratschläge, die mehr Verunsicherung als Hilfe bedeuteten, also eigentlich die Hilflosigkeit (häufig aber auch die Gedankenlosigkeit!) der Eltern für früh geprägte Ängste des Kindes verantwortlich.
»Aber woher sollen die Eltern denn wissen, was richtig und was falsch ist?« entgegnete eine Mutter während eines Elternabends, »man orientiert sich doch zwangsläufig an seiner eigenen Erziehung und an dem, was man hört und liest. Und da gibt es so viele unterschiedliche Meinungen, daß man schließlich gar nicht mehr weiß, wie man sich verhalten soll.« Dies ist in der Tat ein berechtigter Einwand, der ein ganz fundamentales Problem anspricht: Jeder Beruf erfordert eine mehrjährige Ausbildung, der Schlosserlehrling beispielsweise muß wochen- und monatelang lernen, ein Stück Eisen mit der Feile in richtiger Weise zu bearbeiten. Aber die Eltern haben völlig unvorbereitet von heute auf morgen einen Beruf als Erzieher, besser: als »ungelernter Erzieher« auszuüben. So hart es auch klingen mag: Das Kostbarste, was eine Gesellschaft besitzt, das Kind nämlich, wird auf diese Weise im wahrsten Sinne des Wortes zum Objekt willkürlicher Erziehungsversuche degradiert.
Und wenn sich schließlich jener Teufelskreis geschlossen hat, in dem die Erziehungsfehler – der »Erbsünde« gleich – von Generation zu Generation weitergereicht werden, dann gerät allzu leicht ein »Erziehungsautomatismus« in Gang, der nur durch eine wirkliche Selbstprüfung unterbrochen werden kann. »Wehret den Anfängen!« sollten wir noch einmal mit Nachdruck betonen und so früh wie mög-

lich versuchen, unsere eigenen Verhaltensweisen und die Reaktionen des Kindes bewußt wahrzunehmen. Dabei hat es sich immer wieder bewährt, seine Erfahrungen aufzuschreiben, damit auch geringfügige Verhaltensänderungen klar erkennbar sind und man ermutigt wird, in seinen Bemühungen fortzufahren. Wir brauchen aber keinesfalls eine ausführliche Buchführung zu betreiben, sondern lediglich eine Strichliste über das Weinen und Schreien des Kindes anzulegen und das Ergebnis dieser Zählung in ein Diagramm einzutragen.

Auf der nächsten Seite sehen wir die »Schreikurve« der kleinen Gesa. Am ersten Tag nach ihrem vierwöchigen Krankenhausaufenthalt schreit sie fast ununterbrochen. Doch im Laufe der folgenden Tage nimmt die Anzahl ihres Weinens sichtbar ab. Was aus dieser Kurve nicht hervorgeht, aber von ihrer Mutter notiert wurde, sind *Heftigkeit* und *Dauer* ihres Schreiens: Während Gesa zu Beginn des Protokolls sehr kräftig schreit und sich erst nach längerer Zeit beruhigen läßt, meldet sie sich etwa ab der dritten Beobachtungswoche nur noch, um ganz bestimmte Unlustgefühle wie »Hunger« oder »Windel voll« kundzutun. Und dabei verliert ihr Weinen mehr und mehr an Heftigkeit und hört fast immer sofort auf, wenn der Anlaß dieses kleinen Protestes beseitigt worden ist. Bemerkenswert ist noch der Samstag in der dritten Beobachtungswoche. Der steile Anstieg in der Schreikurve hat einen ganz verständlichen Grund: Wegen einer Familienfeier wird Gesa in ihrer gewohnten Ruhe empfindlich gestört; außerdem muß sich die Mutter um die Gäste kümmern, so daß sie nicht auf jedes Weinen sofort reagieren kann.

Wenn Sie den Eindruck haben, daß Ihr Baby besonders häufig schreit (ohne daß eine körperliche Ursache wie

WIE OFT WEINT MEIN KIND?

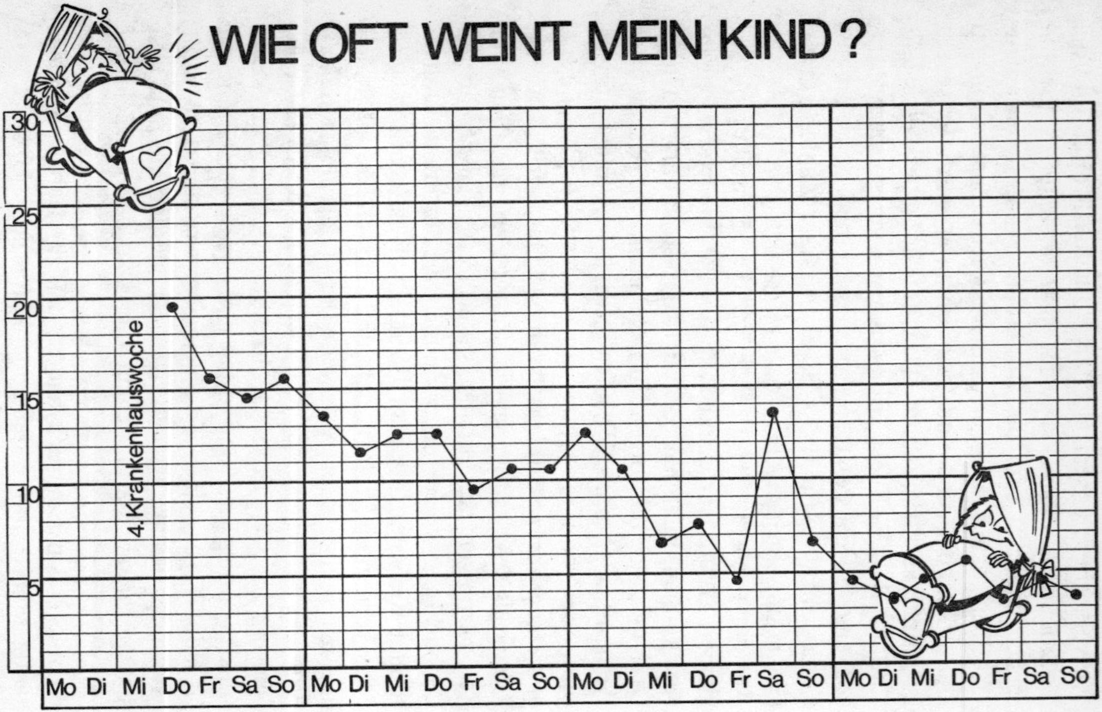

Krankheit oder Zahnen vorliegt), dann sollten Sie sich auf jeden Fall – zumindest einige Wochen lang – die kleine Mühe machen, seine Unmutsäußerungen in einem Diagramm wie dem nebenstehenden festzuhalten. Auf diese Weise werden Sie zum Beispiel auch die Bestätigung dafür finden, daß sich ein unruhiger, hektischer Tag unmittelbar im Verhalten des Kindes auswirkt und vor allem: daß sein *sofortiges* Aufnehmen und Trösten die Häufigkeit seines Weinens und Schreiens allmählich sinken läßt.*

2. »Hilfe, ich bin verlassen!«

Eng mit der Todesangst des Säuglings verknüpft, ja man könnte sagen eine Facette dieser »Urangst« ist das *Verlassenheitsgefühl.* Das fundamentale Bedürfnis nach Geborgenheit und Zuwendung läßt sich als Teil des Selbsterhaltungstriebes beschreiben; falls nämlich dieser »seelische Hunger« nicht gestillt wird, kann die Entwicklung der kindlichen Persönlichkeit in gravierender Weise gestört werden. Dieser angeborene Drang nach Zuwendung ist aber keine Laune der Natur, sondern eine höchst sinnvolle Einrichtung: Die Ernährung *und* der Schutz des kleinen hilflosen Menschenkindes sind ja *nur dann* gewährleistet, wenn eine Betreuungsperson (meist die Mutter) anwesend ist. Allerdings reicht die bloße Gegenwart dieser »Fütterungs- und Schutzinstanz« keineswegs aus, um das Kind zufriedenzustellen. Eine Fülle von Beobachtungen und zahllose psychologische Studien konnten übereinstimmend nachweisen, daß der *Körperkontakt,* also die hautnah erlebte Versicherung »Ich bin bei dir!«, sowie eine leben-

---

* Erinnern wir uns noch einmal an die wissenschaftliche Untersuchung von *Ainsworth* u. *Bell* (vgl. S. 64)!

dige Wechselwirkung zwischen Bezugsperson und Kind wesentliche Voraussetzung für ein »gesättigtes« Zuwendungsbedürfnis sind. Wie tiefgreifend dieses natürliche Prinzip wirksam ist, zeigt eine interessante Versuchsreihe des amerikanischen Verhaltensforschers Harry *Harlow*:
Der Wissenschaftler untersuchte die Reaktionen von Affenbabys, die nicht von ihrer Mutter großgezogen wurden, sondern sich mit künstlichen Ersatzobjekten zufriedengeben mußten. Einerseits stand ihnen eine »Mutter« aus kahlem Maschendraht zur Verfügung, andererseits konnten sie sich mit einer weichen Stoffmutter anfreunden. Ohne zu zögern wandten sich die meisten jungen Affen instinktiv der Stoffmutter zu und klammerten sich an ihrem »Fell« aus Frotteestoff fest, vor allem dann, wenn sie in fremdartige Situationen gebracht oder durch ein übergroßes hölzernes Spinnenmodell zusätzlich verunsichert wurden. Besonders aufschlußreich war jene Versuchsvariante, in der die Affenkinder ausschließlich bei der »Drahtmutter« eine Milchflasche vorfanden, also ernährt und damit positiv *konditioniert* wurden. Trotz dieser »Bestechung« suchten sie nur dann ihre »Ernährerin« auf, wenn sie Hunger hatten. Den überwiegenden Teil des Tages aber verbrachten sie bei der Stoffmutter, wo sie sich aufgrund des weichen Körperkontaktes offenbar sicherer und geborgener fühlten als bei dem ungastlichen Drahtgestell. Dennoch läßt sich die Natur nicht betrügen! Obwohl die Ersatzmutter aus Frotteestoff dem Affenbaby eine stärkere Illusion von Zuwendung vermittelte als die Drahtmutter, hatte das Fehlen einer lebendigen Mutter negative Auswirkungen auf das spätere »Selbstbewußtsein« und das Sozialverhalten des jungen Affen. *Ein* Grund dafür schien die Bewegungslosigkeit der Stoffattrappe zu sein: Wenn die

Ersatzmutter nämlich durch einen Elektromotor in unregelmäßige Bewegungen gesetzt wurde, hatte diese scheinbare körperliche Reaktion einen günstigen Einfluß auf die Entwicklung des Affenkindes. Aber trotzdem: Eine noch so sinnreich konstruierte Affenpuppe wird dem jungen Affen nie die Mutter ersetzen können, die ja mit all ihren Körperbewegungen und Gesten, mit ihrer Mimik und ihren Lautäußerungen auch auf die feinsten Regungen ihrer Jungen einfühlsam reagiert.

Daß eine solche Einfühlsamkeit, eine unmittelbare, verstehende Zuwendung erst recht für die gesunde Entwicklung des Menschenkindes von entscheidender Bedeutung ist, wird gewiß niemand bezweifeln. Und es bedarf wohl kaum einer experimentellen Überprüfung dieser fundamentalen Gesetzmäßigkeit. Dennoch gab und gibt es leider zahlreiche »natürliche« Situationen, in denen man ähnliche seelische Entzugserscheinungen wie in den *Harlow*-Experimenten auch bei Kindern vorfindet. Am bekanntesten sind wohl die Studien des in die USA ausgewanderten Wiener Psychoanalytikers René *Spitz,* der in den vierziger Jahren einige südamerikanische Kinderheime besuchte und dort das Verhalten der Säuglinge und Kleinkinder beobachtete. Ihre Betreuung war alles andere als kinderfreundlich und unterschied sich eigentlich kaum von der »Isolationshaft«, in der die *Harlow*-Äffchen aufgezogen wurden. Und dementsprechend waren auch die Angstreaktionen vieler Kinder, wenn man sich nicht um sie kümmerte: Je nach Temperament weinten oder schrien, schluchzten oder tobten sie zunächst fast ununterbrochen. Einige von ihnen schienen sich selber in den Schlaf wiegen zu wollen und zeigten jene monotonen Schaukelbewegungen, die als typisches Merkmal der »Heimkrankheit«, des sogenannten

Hospitalismus, bekannt sind. Doch nach ein paar Wochen machte sich bei mehreren Kindern eine eigenartige Veränderung bemerkbar: Die Kinder wurden ruhiger, aber auch gleichgültiger; sie starrten mit offenen, ausdruckslosen Augen die Zimmerdecke an und wurden schließlich völlig teilnahmslos und apathisch. Offensichtlich hatte der Schmerz des Verlassenseins die Grenze des Erträglichen überschritten. Als letzter Schutz blieb nur noch eines: Flucht ins seelische Nichts! Auch die körperliche und geistige Entwicklung der Heimkinder verlief deutlich langsamer als bei bemutterten Kindern. Und wenn sich ihre erbarmungswürdige Situation nicht änderte, dann verkümmerten die Alleingelassenen endgültig: Ihre Entwicklungsrückstände konnten kaum aufgeholt, ihre tiefverwurzelten Defekte im Gefühlsbereich nie wieder richtig behoben werden. Daß die seelische »Nahrung« für den Menschen geradezu lebensnotwendig ist, veranschaulicht eine grausame Geschichte, die man sich von dem mittelalterlichen Kaiser Friedrich II. erzählt: In fanatischer Neugier wollte er erfahren, welche die natürliche, »gottgegebene« Sprache des Kindes sei. Er ließ einige Säuglinge unter strengen Isolationsbedingungen aufwachsen: Sie wurden zwar ernährt und versorgt, doch jeder weitere Kontakt – sei es Streicheln oder Sprechen – war den Pflegerinnen strikt verboten. Dieses frühe Experiment schlug fehl! Der wissensdurstige Kaiser entdeckte nämlich nicht die Ursprache, sondern – ohne sich dessen bewußt zu sein – die vitale Bedeutung des Zuwendungsbedürfnisses sowie der lebendigen Wechselwirkung zwischen dem Kind und seiner Betreuungsperson: Alle Kinder starben – obwohl ihre körperliche Versorgung nichts zu wünschen übrig ließ.

Diese »Studie« ist natürlich ein Extremfall, und auch die

Untersuchungen von René *Spitz* zeigen äußerst ungünstige Voraussetzungen für die kindliche Entwicklung auf. Doch erinnern wir uns noch einmal an die kleine Gesa und die hypermoderne medizinisch-sterile Krankenhausatmosphäre der achtziger Jahre. Gab es hier wirklich mehr Zuwendung und Menschlichkeit als in den südamerikanischen Kinderheimen? Und entsprach ihr Schreiverhalten nicht in erschreckender Weise den früheren entwicklungspsychologischen Erkenntnissen über seelische Entzugserscheinungen? Viel zu oft findet man in den Kinderstationen unserer Krankenhäuser Babys, die zunächst hilflos schreien, dann apathisch die Decke anstarren und sich in den Schlaf schaukeln – offenbar weil man sich dort häufig noch immer mehr Gedanken über eine grammgerechte Fütterung als über eine sättigende Portion an Zuwendung macht. Nun gut, Gesa konnte die Entzugserscheinungen ihres vierwöchigen Krankenhausaufenthaltes in wenigen Tagen völlig überwinden. Und auch länger andauernde seelische »Isolationsschmerzen« lassen sich durch entsprechende Umweltveränderungen beseitigen. Wie lange ein Kind ohne bleibende Schäden im zwischenmenschlichen Niemandsland verbringen kann, wie groß seine sogenannte Aufholkapazität ist, läßt sich allerdings kaum festlegen und ist sicherlich in hohem Maße von der Sensibilität des jeweiligen Kindes abhängig. Manche Forscher sind der Ansicht, daß sogar eine zwölfmonatige Entzugsperiode schadlos überstanden werden kann. Als Belege für diese Auffassung werden neben Tierversuchen gern Kulturvergleiche angeführt, beispielsweise Untersuchungen bei Indianerstämmen in Guatemala, in denen jedoch Erkenntnisse zutage treten, die den Studien zum Hospitalismus zu widersprechen scheinen: Obwohl die Säuglinge der Indianer ständig

von ihrer Mutter herumgetragen wurden, also einen ausgiebigen Körperkontakt genossen, zeigten viele von ihnen – zumindest oberflächlich betrachtet – die gleiche Lustlosigkeit und Apathie wie die alleingelassenen Heimkinder. Wieso war das Verhalten der Indianerkinder trotz ausgiebiger Zuwendung so auffällig? Offensichtlich ist für die gesunde Entwicklung des Kindes noch eine weitere Bedingung erforderlich: eine lebhafte Umwelt mit wechselnden »Reizen«, durch welche seine Sinne angeregt werden. Ebenso wie die von René *Spitz* untersuchten Heimkinder in ihrer monotonen, reizarmen Umgebung keine Aktivität entwickeln konnten, fanden die Indianersäuglinge in der träge-passiven Atmosphäre düsterer Lehmhütten kaum Anregungen und dösten mehr oder weniger nach innen gekehrt vor sich hin, bis sie mit etwa 13 Monaten auf den eigenen kleinen Beinchen standen. Dann änderte sich ihr Verhalten fast schlagartig: In aktiver Neugier erkundeten sie ihre Umwelt und zeigten recht bald keinerlei »hospitalistische« Symptome mehr. Die rasche Normalisierung ihres Verhaltens ist natürlich kein Beweis für eine schnelle und erfolgreiche Verarbeitung langandauernder seelischer Entzugserscheinungen; denn die Indianerkinder konnten sich ja geborgen fühlen und wurden von keinerlei Verlassenheitsängsten geplagt. So war ihre lustlose Passivität im Gegensatz zu den Heimkindern keine depressive Reaktion aufgrund verzweifelter, aber vergeblicher Bemühungen um Zuwendung, sondern eine Art geistiges Abschalten. Ihre relativ rasche Erholung läßt sich wohl vor allem darauf zurückführen, daß sie keine *emotionalen,* sondern ausschließlich *geistige* Rückstände wettzumachen hatten.
Wir sehen: Kinder haben nicht nur einen »seelischen Hunger«, sondern auch einen »geistigen Appetit«, der mög-

lichst früh angeregt werden will. Der Wunsch nach Abwechslung und der Drang nach Bestätigung sind natürliche Bedürfnisse, die schon in den ersten Lebenstagen aufkeimen und alsbald in einem lebhaften *Neugier- und Erkundungsverhalten* Ausdruck finden. Und damit ist die Voraussetzung dafür geschaffen, daß ein Kind die schützende Nähe seiner Bezugspersonen verlassen kann, daß es neue »Territorien« erschließt, Dinge und Menschen kennenlernt, mit denen es sich auseinandersetzen muß. Nur: Ob und wie reibungslos diese Entfaltung der jungen Persönlichkeit gelingt, ist in entscheidendem Maße davon abhängig, wie *sicher* und *geborgen* das Kind sich während der ersten Lebensmonate fühlen konnte und im weiteren Verlauf seiner Entwicklung fühlen kann – wie wir in den folgenden Abschnitten sehen werden.

II. Die Angst hat viele Gesichter

1. Trennungsangst

a) Das Fremdeln

Erinnern wir uns noch einmal an Gesa, die durch eine konsequente Zuwendung und Fürsorge trotz ihrer unangenehmen vierwöchigen Krankenhauserfahrung in wenigen Tagen zu einem zufriedenen, ausgeglichenen Baby wurde, und verfolgen wir ihre weitere Entwicklung:

»Gesa wächst in einer ruhigen und freundlichen Atmosphäre auf«, fährt die Mutter in ihrem Bericht fort, »noch nie habe ich mit ihr geschimpft, noch nie hat sie schimpfende Menschen gesehen oder gehört – obwohl ich schon einige Male geneigt war, meinen Unmut zu äußern. Zum Beispiel

zieht Gesa regelmäßig lachend an meinen Haaren, wenn ich sie versorgen will. Das tut wirklich ganz schön weh! Aber ich achte darauf, daß ich kein vorwurfsvolles Wort fallenlasse, sondern greife nach ihren Händen, löse sie vorsichtig aus meinen Haaren und lenke die Kleine freundlich ab.«
Durch dieses behutsame Vorgehen wurden die lebensfrohen Impulse des Kindes, sein Begreifen der Umwelt nicht unterdrückt, sondern – wenn nötig – lediglich durch sanftes Nachhelfen korrigiert. Soviel Einfühlsamkeit und Zuwendung muß sich einfach im Wesen des Kindes sichtbar widerspiegeln! Nicht ohne Stolz steht im Tagebuch der Mutter zu lesen: »Gesa ist bald sieben Monate alt und wird von fast jedem Besucher als ›lachender Sonnenschein‹ oder ›das fröhlichste Mädchen, das ich je gesehen habe‹ bezeichnet. Es ist ja auch eine Freude, ihr strahlendes Gesicht anzusehen, sie beim intensiven Spiel mit ihren Stofftieren und Puppen zu beobachten und ihren juchzenden ›Selbstgesprächen‹ zuzuhören.«
Doch an einem Samstagnachmittag machte sich eine merkwürdige Veränderung im Verhalten des Kindes bemerkbar. Es waren einige Gäste eingeladen, und anstatt mit fröhlichem Glucksen ihre Freunde ob solcher Abwechslung zum Ausdruck zu bringen (wie es bislang immer der Fall war), saß Gesa ganz ernst auf dem Schoß ihrer Mutter. Ihre Blicke wanderten von einer Person zur anderen, ihr Gesicht zeigte jenen »weisen«, aber gleichzeitig auch distanziert-zurückhaltenden Ausdruck, der viele Babys zuweilen so unendlich erwachsen erscheinen läßt. Plötzlich hellten sich ihre Gesichtszüge aber wieder auf – ihre Entscheidung war gefallen! Ja, Gesa hatte sich tatsächlich einen der Gäste ausgesucht, um mit ihm »ins Gespräch zu kommen«. Sie streckte ihre Ärmchen einem jungen Mann

entgegen, der dieser Aufforderung zum »Flirt« natürlich nicht widerstehen konnte und Gesa auf seinen Schoß einlud. Mit sichtlichem Vergnügen genoß sie das »Hoppe-hoppe-Reiter«. In ihrer Begeisterung griff sie alsbald nach der »Mähne« des »Pferdes«, um daran nach Herzenslust zu ziehen. Von dieser Leidenschaft überrascht, entfuhr dem »Auserwählten« ein ärgerliches: »Aua! Na, na – das tut man aber nicht, mein Fräulein!« Hören wir von ihrer Mutter, wie Gesa auf diese – für sie natürlich nicht nachvollziehbare – Kritik reagierte: »Ich war richtig betroffen, als ich sah, wie sich ihr Gesichtsausdruck veränderte: Sie

wirkte zunächst erstaunt, dann befremdet und völlig fassungslos. Sofort streckte sie ihre Ärmchen hilfesuchend nach mir aus, war aber gleich wieder beruhigt, als ich sie in den Arm nahm.«

Was war hier geschehen? War Gesa wegen der großen Fürsorge, die sie ständig erfahren hatte, mittlerweile schon so »verzärtelt«, daß sie sich Fremden gegenüber zaghaft und schüchtern verhielt und sogleich »eingeschnappt« reagierte, als ein lautes Wort fiel? Nein! Ein Kind kann in seinen ersten Lebensmonaten gar nicht genug Zuwendung und Zärtlichkeit bekommen, um jenes Vertrauen in die Welt aufzubauen, das von dem amerikanischen Psychologen Erik *Erikson* treffend mit *»Urvertrauen«* umschrieben worden ist. Daß Gesa an diesem Samstagnachmittag dennoch skeptische Zurückhaltung erkennen ließ und schließlich Schutz in den Armen ihrer Mutter suchte, war kein Zeichen mangelnder Geborgenheit, sondern eine ganz natürliche Reaktion. Um ihr Verhalten besser nachzuvollziehen, sollten wir das Erlebnis des Kindes einmal in unsere eigene Erfahrungswelt übertragen: Sie sind auf einer Party eingeladen, wo Sie vielen bekannten, aber auch einigen fremden Gesichtern begegnen. Selbstverständlich haben Sie keine Angst vor den unbekannten Gästen – warum auch? Aber trotzdem! Irgendwie halten Sie sich zunächst auf Distanz und üben sich in skeptischer Zurückhaltung – man kann ja nie wissen! Als Sie schließlich mit einem fremden »Gesicht« ins Gespräch kommen, legen Sie Ihre abwartende Haltung (oder Ängstlichkeit?) allmählich ab, um sich einem amüsanten Geplauder hinzugeben. Doch nachdem Sie sich eine Zeitlang unterhalten haben, fährt Sie Ihr Gegenüber urplötzlich etwas schroff an: ». . . also, da bin ich gar nicht Ihrer Meinung! Wie kommen Sie überhaupt dazu, so etwas zu sagen?« Wer weiß – vielleicht geben Sie jetzt contra oder fühlen sich als Freund leidenschaftlicher Diskussionen geradezu in Ihrem Element. Aber ist der Wunsch so abwegig, dem unfreundlichen Gesprächspartner den Rücken zu kehren und sich lieber einer vertrauten Person zuzuwenden, von der keine Ablehnung zu befürchten wäre?

Kein Wunder also, daß Gesa zunächst die fremden Gesichter zurückhaltend musterte und sich nach der (für sie) herben Kritik ihres »Gesprächspartners« lieber in die schützenden Arme ihrer Mutter zurückzog. Aber es liegt nahe, zu fragen, wieso das Kind früher so unbefangen mit fremden Personen umgehen konnte. Die Antwort ist ganz einfach: Gesa war noch nicht in der Lage, fremde Gesichter von vertrauten zu unterscheiden – eine Fähigkeit, die von den Kindern erst im Alter von etwa sieben bis neun Monaten entwickelt wird. Aus diesem Grunde hört und liest man häufig von der sogenannten *Achtmonatsangst* (oder *Fremdenangst*), die jedes Kind in diesem frühen Lebensabschnitt als Hinweis auf seine normale geistige Entwicklung durchmachen soll. Und in der Tat lassen sich zahllose etwa achtmonatige Säuglinge beobachten, die beim bloßen Anblick einer fremden Person in lautes Geschrei ausbrechen und sich angstvoll an eine vertraute Person klammern.

Doch ist diese neu gewonnene Entscheidungsfähigkeit des Kindes wirklich immer mit Angstgefühlen gekoppelt? Nicht notwendigerweise! Fremdartige Gesichter *können* einen bedrohlichen Charakter annehmen und zu Angstreaktionen führen; ob ein Kind aber tatsächlich ängstlich zurückweicht, ist einerseits vom Verhalten der fremden Person abhängig (ob sie beispielsweise freundlich lacht oder böse dreinschaut), andererseits aber auch von seinem Sicherheits- und

Geborgenheitsgefühl. So war Gesas Fremdeln von der sicheren Basis des mütterlichen Schoßes aus zunächst keine Angstreaktion, sondern vielmehr eine neugierig-konzentrierte Verarbeitung jener neuen Eindrücke, die sie früher noch nicht wahrnehmen konnte. Sie zeigte ja sogar die Bereitschaft, den fremden Personen *von sich aus* aktives Interesse entgegenzubringen.

Erst durch die Unmutsäußerung des jungen Mannes fühlte sich das kleine Geschöpf bedroht und suchte ängstlich Schutz bei seiner Mutter. Insofern ist es eigentlich irreführend von Achtmonatsangst zu sprechen, da dieser Begriff bei vielen Eltern die falsche Vorstellung wecken mag, als *müsse* jedes Kind diese Angst durchmachen, um sich wirklich normal zu entwickeln. Anstatt die Fremdenangst seines Kindes jedoch als untrüglichen Beweis eines gelungenen Entwicklungsschrittes zu feiern, sollten die Eltern ihr Kind in dieser sensiblen Zeit ganz besonders behutsam mit fremden Menschen konfrontieren und es ihnen auf keinen Fall ohne erkennbare eigene Bereitschaft in den Arm oder auf den Schoß geben. Das Kleine wird selbst entscheiden, ob und mit wem es engeren Kontakt wünscht. Falls ein Kind trotzdem beim Anblick fremder Personen auffällige Angstreaktionen zeigt, sollten sich seine Eltern zunächst einmal selbstkritisch fragen, ob sie ihm wirklich jenes anspruchsvolle Maß an Zuwendung vermitteln konnten, das für den Aufbau eines unerschütterlichen »Urvertrauens« notwendig ist.

Daß diese Empfehlung nicht übertrieben ist, führt uns der kleine Florian plastisch vor Augen. Wir erinnern uns: Seine Mutter ließ ihn häufig schreien, ohne darauf zu reagieren. Überdies dokumentierte sie auch mit anderen Disziplinierungsmaßnahmen eine eher fordernde und wenig einfühlsame Erziehungshaltung: »Wenn er mich haut oder an den

Haaren zieht, dann tut er das bestimmt mit Absicht. Aber er muß doch wissen, daß mir das weh tut. Deshalb gebe ich ihm eins auf die Finger . . .« Muß noch erwähnt werden, daß Florian im Alter von etwa acht Monaten grundsätzlich markerschütternd schrie und sich ängstlich an seine Mutter klammerte, wenn er eine fremde Person zu Gesicht bekam?

b) »Meine Mutti kommt nicht wieder . . .«

Die Fähigkeit, zwischen vertrauten und fremden Gesichtern zu unterscheiden, hat noch eine weitere bedeutsame Konsequenz für die Entwicklung des Kindes: Sein Geborgenheitsbedürfnis, das bislang von verschiedenen Personen befriedigt werden konnte, zielt nun mehr und mehr auf ganz bestimmte Bezugspersonen. Durch den intensiven Kontakt mit seinen Eltern (vornehmlich wohl mit der Mutter) gräbt sich ihr »Bild« so tief in das Bewußtsein des Kindes ein, daß es die Abwesenheit seiner Beschützer als Mangel, häufig aber auch als schmerzlichen Verlust erlebt. Die Gegenwart der Eltern hingegen gibt dem Kind ein tiefes Gefühl der Sicherheit, in welchem nicht nur jede

weitere zwischenmenschliche Beziehung wurzelt, sondern auch die Basis einer freien Persönlichkeitsentfaltung liegt. Allerdings müssen die Eltern keinesfalls allgegenwärtig sein, um beim Kind keine *Trennungsangst* aufkommen zu lassen. Je älter das Kind wird und je mehr sich seine *Denkfähigkeit* entwickelt, desto wichtiger wird seine durch Erfahrung geprägte Überzeugung: »Mami und Papi lassen mich nie im Stich!« – selbst wenn es von seinen Eltern eine Zeitlang getrennt ist. Beobachten wir noch einmal Gesa und Florian, wie sie im Alter von 12 Monaten mit einer kurzfristigen Trennung von ihren Müttern umgehen: »Gesa sitzt in ihrem Zimmer, führt Selbstgespräche und ist in ihrem Spiel versunken«, können wir im Tagebuch der Mutter lesen. »Die Tür lasse ich immer offenstehen, so daß sie jederzeit die vertrauten Geräusche aus der Wohnung hören kann. Während ich meine Hausarbeit erledige, spreche ich ab und zu mit ihr oder lasse mich kurz bei ihr sehen. Sobald sie mich zu Gesicht bekommt, zeigt sie ein strahlendes Lachen und lädt mich zum Spielen ein. Wenn ich ihr Zimmer wieder verlasse, beschäftigt sie sich wieder ohne zu murren mit ihren Spielsachen.«

Aber auch ein zufriedenes Baby, dem es offenbar an nichts mangelt, kann in bestimmten Situationen Trennungsangst erleben: »Kürzlich war ich mit Gesa bei Freunden«, erzählt ihre Mutter. »Sie saß in der Wohnzimmerecke und spielte mit Begeisterung und Hingabe. Als ich aber aufstand, um kurz den Raum zu verlassen, hielt sie plötzlich im Spiel inne und verfolgte jeden meiner Schritte mit ängstlichen Blicken. Auch die beruhigenden Worte meiner Freundin konnten nicht verhindern, daß Gesa während meiner Abwesenheit unaufhörlich die Tür ansah, zu weinen begann und erst dann wieder strahlte, als ich zurückkam.«

Diese kleine Episode macht deutlich, daß die Trennungsangst des Kindes offenbar von der *Gesamtsituation abhängt*: In ihren vertrauten vier Wänden fühlte sich Gesa schon so sicher, daß ihre Mutter getrost auf Distanz gehen konnte. Aufgrund ihrer ausschließlich positiven Erfahrungen (»Mami ist immer da, wenn ich sie brauche . . .«) mußte sie keinerlei Befürchtungen hegen, ihre Mutter könne plötzlich »verlorengehen«. In der fremden Umgebung jedoch brauchte Gesa ihre Mutter noch als »Schutzmacht«, um die vielfältigen neuen Eindrücke in Ruhe zu verarbeiten. Je fremdartiger, undurchschaubarer oder bedrohlicher das Kind also eine Situation erlebt, desto eher wird es durch sein *Bindungsverhalten* (z. B. durch Rufen, Weinen oder indem es sich an die Mutter klammert) die Nähe seiner Bezugsperson(en) fordern. Nur: Wie stark die Trennungsangst ausgeprägt ist, ob ein Kind also schon in vertrauter Umgebung bei kurzfristiger Abwesenheit seiner Eltern in Geschrei ausbricht, das ist in entscheidendem Maße davon abhängig, welche Erfahrungen es bisher gemacht hat: Mußte es häufig erleben, daß sein Schreien ohne Resonanz blieb und daß seine spontanen Verhaltensweisen auf Ablehnung stießen, dann wird es sich völlig verunsichert fühlen und deswegen die ständige Anwesenheit einer Bezugsperson verlangen. Genau dieses Verhalten legte der kleine Florian an den Tag: »Das ist einfach schrecklich!« beklagte sich seine Mutter, »ich kann ihn nicht einen Moment aus den Augen lassen, ohne daß er sofort losschreit. Ich hätte nie gedacht, daß Kinder so anstrengend sind!«

Indes: Eine uneingeschränkte Vertrauensseligkeit des Kindes bedeutet noch lange nicht, daß es tatsächlich »Urvertrauen« in seine Umwelt entwickelt hat. Denn gerade jene

Kinder, die »von Hand zu Hand gereicht« werden und nie einen festen Bezugspunkt finden konnten (z. B. auch Heimkinder), zeigen sich fremden Personen gegenüber nicht selten völlig distanzlos: Sie wünschen sich sogleich Körperkontakt und sind auch bereit, jeden Unbekannten wahllos als »neuen Freund« zu akzeptieren. Dieses eigenartige Verhalten, das gleichermaßen von Bindungslosigkeit und spontaner, unkritischer, meist kurzfristiger Bindung geprägt ist, mag auf den ersten Blick besonders selbständig anmuten, obwohl sich dahinter eigentlich tiefe Verlassenheits- und Trennungsängste verbergen.

Es mag nun der Eindruck entstanden sein, daß für das Kind bereits in dieser frühen Entwicklungsphase alle Weichen für sein späteres Leben gestellt sind. Glücklicherweise ist die kindliche Seele aber viel flexibler, als viele Pessimisten annehmen: Das Verhalten und Erleben eines Kindes läßt sich eigentlich in jedem Lebensalter durch eine veränderte Erziehungshaltung günstig beeinflussen. Nur: Die Eltern müssen erst einmal einsehen, daß ihre Auffassung von Erziehung korrigiert werden müßte. Denn wer sein Kind in den ersten Lebensmonaten ungerührt schreien läßt, wer schon einem Säugling »eins auf die Finger« gibt, um ihn »zur Vernunft« zu bringen, der wird höchstwahrscheinlich auch in den folgenden Jahren ein forderndes, strafendes, also angstauslösendes Erziehungskonzept überzeugt vertreten. Und selbst wenn sich schließlich die Einsicht durchsetzt, daß »es so nicht weitergehen kann«, hat sich die Eltern-Kind-Beziehung bereits so fest eingeschliffen, daß ein hohes Maß an Durchhaltevermögen und Nervenkraft notwendig sein wird, um aus dem bisherigen Trott auszubrechen. Schon beim einjährigen Florian entdecken wir ja jene anstrengenden und lästigen Verhaltensweisen, die bei seiner Mutter zwangsläufig verstärkte Unmutsäußerungen und Reglementierungen (»Laß mich doch endlich in Ruhe!«) provozieren. Solche massiven Ablehnungen bestärken das Kind aber wiederum in seinem Bindungsverhalten, in seinem nervtötenden Betteln um Zuwendung. Und damit festigt sich die Überzeugung der Mutter, ihr Kind sei »einfach unausstehlich« – was ihr übrigens von Nachbarn, Bekannten und Verwandten (und später auch von Erziehern und Lehrern) gern bestätigt wird. Der Teufelskreis ist perfekt, noch bevor der junge Mensch wirklich zu leben beginnt! Hätte die Mutter jedoch *von Anfang an* die goldene Regel der kompromißlosen Zuwendung gekannt und beachtet, so wäre ihr wahrscheinlich die unendliche Mühe erspart geblieben, sich jahrelang mit einem erziehungsschwierigen Kind herumquälen zu müssen. Die Verlassenheits- und Trennungsängste eines Kindes, seine unbefriedigten Geborgenheitsbedürfnisse sind offensichtlich ganz tiefgreifende Erfahrungen, die sein Verhalten und seine Erlebniswelt in gravierender Weise prägen und sich – wie wir später sehen werden – über Jahrzehnte hinweg in dramatischer Weise auswirken können. Beschäftigen wir uns aber zunächst noch mit zwei typischen Situationen, in denen bei Kindern während der ersten Lebensjahre immer wieder ein verstärktes Bindungsverhalten, also Trennungsangst zutage tritt:

(1) Das Kind hat Angst, alleine zu schlafen (oder alleine in der Wohnung zu bleiben).

(2) Das Kind hat Angst, in den Kindergarten zu gehen.

Beide Ängste lassen sich derart häufig beobachten, daß man geneigt ist, sie als »ganz normale« Reaktionen zu bagatellisieren. Ohne übertriebene Befürchtungen wecken zu wollen – diese Auffassung ist ein Irrtum! Ein Verhalten, das sich als statistisch häufig erweist und damit den Anstrich des Alltäglichen bekommt, muß noch lange nicht »normal«, d. h. für das Kind notwendig und nützlich sein oder zumindest einen unabänderlichen Entwicklungsschritt signalisieren. Es sollte uns nachdenklich stimmen, wenn in einer Umfrage* mehr als 70% der Eltern die Meinung vertreten, daß man einen Säugling »ruhig mal schreien« lassen sollte. Und wenn man darüber hinaus bedenkt, daß ein (mindestens!) ebenso großer Prozentsatz der Eltern dem Kind – natürlich ohne sich dessen bewußt zu sein! – schon in den ersten Lebensjahren mehr Ablehnung als Zuwendung entgegenbringt (vgl. »Bankkonto« der Erziehung, S. 129), dann werden die »ganz normalen« Trennungsängste unserer Kinder plötzlich zum Spiegel einer paradoxen Erziehungssituation: Was der Seele des Kindes schadet, was der freien Entfaltung seiner Persönlichkeit entgegenwirkt – das wird als allgemeingültig anerkannt! Ist es da noch ein Wunder, daß man in unserer Gesellschaft – die ja die Summe aller Kinder darstellt, auch wenn ein Teil von ihnen mittlerweile erwachsen geworden ist – immer noch eine große Zahl »psychisch gestörter« Menschen und einen hohen »Angstpegel« registrieren muß? Erstaunlich ist nur, daß allzuoft auch Unberufene die Ursachen dieser bedenklichen Situation mit philosophischen und soziologischen Argumenten ausschließlich in »höheren Sphären« suchen, anstatt ihren Beobachtungsschwerpunkt in aller Bescheidenheit auf das Kinderzimmer zu verlegen.

---

* Bei einigen Elternabenden wurde 132 Eltern verschiedener Alters- und Berufsgruppen ein Fragebogen vorgelegt, der u. a. folgende Frage enthielt: »Wenn ein Säugling schreit, soll man ihn dann *auf jeden Fall* sofort trösten – ganz gleich, ob tagsüber oder nachts?« 97 der Befragten entschieden sich für ein klares »Nein«.

(1) Angst vor dem Alleinsein

Sprechen wir also zunächst über jene Kinder, die gern ins Bett ihrer Eltern »krabbeln«, um sich hier in zufriedener Behaglichkeit dem Geborgenheitsgefühl hinzugeben. Da ist beispielsweise der neunjährige Markus, der wegen schwacher Schulleistungen in die Praxis des Psychologen gebracht wird. Er kann sich schlecht konzentrieren, macht seine Schularbeiten nur mit Hilfe der Mutter und legt ein völlig verspieltes Verhalten an den Tag. Diese Eigenarten können wir sofort verstehen, wenn wir einen Augenblick seiner Mutter zuhören: ». . . und Sie glauben ja gar nicht, wie anhänglich Markus ist! Jeden Abend das gleiche: Er will nur dann ins Bett gehen, wenn er bei uns schlafen darf. Wir haben schon alles versucht, aber sobald ich ihn in sein Zimmer bringe, ist er wenig später schon wieder da. Vielleicht legt sich das ja, wenn er älter wird . . .« Das mag schon sein, allerdings ist die Sichtweise der Mutter recht oberflächlich; denn eigentlich ist Markus gar nicht *anhänglich,* sondern in hohem Maße von seiner Mutter *abhängig,* was für seine Persönlichkeitsentfaltung alles andere als förderlich ist. Im Gespräch mit der Mutter stellt sich heraus, daß der Junge während seiner Säuglingszeit viel geschrien hatte und oftmals sich selbst überlassen blieb: ». . . mir wurde das einfach zuviel. Dann habe ich die Tür zugemacht und ihn schreien lassen.« Und damit war der Grundstein für eine erhöhte Angstbereitschaft des Kindes gelegt! Im Laufe seiner weiteren Entwicklung mußte Markus dann jene elterlichen Reaktionen erleben, die gern als »überfürsorglich bezeichnet werden, obwohl sie im Grunde genommen gar nicht fürsorglich sind (vgl. »Schwellenangst«, S. 109). Durch ständige Ermahnungen und Einengungen wurde der natürliche Entfaltungsdrang des

Kindes im Keime erstickt, sein gesamtes Verhalten dem Diktat der Mutter (der Vater war beruflich oft außer Haus) unterworfen. So blieb Markus jahrelang an seiner Mutter »kleben« – in der tiefen Verunsicherung, sie könne ihn eines Tages verlassen. Verständlich, daß er in dieser Zwangslage weder Selbstbewußtsein noch aktives Interesse an der Umwelt (sprich: Lernbereitschaft) entwickeln konnte! In der psychologischen Untersuchung des Jungen wird deutlich, wie fest die Trennungsangst in seiner Persönlichkeit verankert ist. Bereits ein kleiner Vortest, in dem Markus – sozusagen als Auflockerung der Testatmosphäre – seine Familie als Tiere zeichnen soll, enthüllt in verblüffender Weise die gesamte Problematik des Kindes: Die Schwanenmami trägt ihr Junges »Huckepack«, ja auf den ersten Blick scheint der angelegte Flügel des Muttertiers gleichzeitig der Körper des jungen Schwans zu sein – eine Lebensgemeinschaft, wie sie wohl enger kaum vorstellbar ist. Daß der Vater in dieser Zweisamkeit keinen Platz findet, ist aus der Sicht des Kindes durchaus nachvollziehbar. Aber auch aus der Sicht der Mutter! Denn ein wenig verschämt räumt sie nach längerem Gespräch ein: »Wissen Sie, eigentlich habe ich es ja ganz gern, wenn Markus bei mir schläft, besonders wenn mein Mann beruflich unterwegs ist – dann fühlt man sich ja doch etwas allein . . .« Hier scheint also eine »Trennungsangst auf Gegenseitigkeit« die eigentliche Triebfeder dieser starken Mutter-Kind-Bindung zu sein. So könnte man im Falle des kleinen Markus die Diagnose stellen, daß er letztlich aufgrund der (kindlichen) Trennungsangst seiner Mutter seine eigenen Ängste noch nicht überwinden konnte. Über diese Kette ohne Ende werden wir später noch ausführlich sprechen müssen.

So sieht der 9jährige Markus seine Familie »in Tiere verwandelt« – ein geradezu klassisches Symbol für eine (zu) enge Mutter-Kind-Bindung.

»Dieses extreme Beispiel trifft auf unsere Familie aber in keiner Weise zu«, werden jetzt die meisten Eltern einwenden. »Daß ein Neunjähriger noch im Bett seiner Eltern schläft, ist doch wirklich eine Ausnahme.« Nun, die Regel ist eine so enge Mutter-Kind-Bindung sicherlich nicht, aber es kommt dennoch viel öfter vor, als man landläufig annimmt, daß Grundschulkinder noch im Bett ihrer Eltern schlafen. Und wenn man erst einmal sein Augenmerk auf die Drei-, Vier- und Fünfjährigen richtet, dann ist die Anzahl jener Kinder, die nicht alleine schlafen können, noch wesentlich höher. Man darf dieses Verhalten jedoch nicht *generell* als Zeichen einer allgemein erhöhten Trennungsangst werten. Vergessen wir nicht, bei kleinen Kindern ist die Phantasie so eng mit der Wirklichkeit verflochten, daß sich die nächtlichen Schatten im Kinderzimmer sehr leicht in Geister, Hexen und Raubtiere verwandeln können, daß im Halbschlaf oder auch im Traum so manch ein bedrohliches Bild die empfindsame Kinderseele erzittern läßt. So wird es wohl kaum ein Kind geben, das nicht dann und wann während der Nacht die Nähe seiner Eltern sucht. Die nächtlichen Angstreaktionen werden verständlicherweise immer dann gehäuft auftreten, wenn das Kind krank ist, Schmerzen hat (z. B. beim Zahnen) oder auch durch einen Krankenhausaufenthalt eine Zeitlang von seinen Eltern getrennt war. Natürlich wäre es falsch, das schlaftrunkene Geschöpf mit erhobenem Zeigefinger oder vernünftigen Erklärungen in die »Schranken« seines Bettchens zu verweisen. Ein Kind, das nachts zu seinen Eltern kommt, braucht *in dieser Nacht* zweifellos das Gefühl absoluter Geborgenheit – und sollte es auch bis zum nächsten Morgen genießen dürfen! Am folgenden Abend jedoch wird in vielen Fällen der entscheidende Fehler gemacht: Um dem Kind (und vielleicht auch sich selbst) eine mögliche erneute »Angstnacht« zu ersparen, wird es – mehr oder weniger direkt – in das elterliche »Nest« eingeladen. Und mit diesem Entgegenkommen beginnt eine liebe (aber für alle Beteiligten ungünstige) Gewohnheit, die sich – wie wir bei Markus sehen konnten – über Jahre hinweg einschleifen kann. Versuchen wir einen anderen Weg zu gehen, der gewiß nicht weniger lieb, aber auf jeden Fall sinnvoller ist: Immer wenn Ihr Kind nachts Angst bekommt, sollten Sie sich am nächsten Tag besonders intensiv mit ihm beschäftigen (ganz gleich, ob es zwei, vier, sieben oder neun Jahre alt ist!). Nach ausgiebigem Spiel mit der Mutter, vielleicht auch dem Vater oder – was noch besser ist – mit *beiden* Eltern, wird seine Bereitschaft, ins Bett zu gehen, viel größer sein, als wenn es mehr oder weniger sich selbst überlassen bleibt.* Nun setzen Sie sich ans Bett Ihres Kindes und erzählen ihm etwas – oder lesen ihm eine Geschichte vor. Wenn Sie ruhig und sanft sprechen und dabei noch seine Stirn und Augenbrauen streicheln, werden Sie möglicherweise nach etwa drei bis fünf Minuten eine faszinierende Entdeckung machen: Selbst jene Kinder, die in der Nacht zuvor von einem schlimmen Traum aufgeschreckt wurden, entspannen sich immer mehr, atmen immer ruhiger und schlafen dann in kurzer Zeit friedlich ein. Sicher: Ein solches »Betthupferl« haben nicht nur die ängstlichen Kinder nötig, es sollte vielmehr *grundsätzlich* zu einem allabendlichen Ritual werden, das – ganz beiläufig – auch den Eltern Zeit zur Entspannung und Besinnung gibt; denn leises Sprechen wirkt sich nicht nur auf den Zuhörer, sondern auch auf den Erzähler außerordentlich beruhigend aus. Hier liegt übrigens die große Chance für viele Väter, ihre beruflich bedingte Distanz zum Kind auf angenehme Weise zu verringern: Gerade in der kurzen Zeitspanne zwischen Wachen und Schlafen ist die Aufnahmebereitschaft des Kindes besonders hoch, seine Erlebnisfähigkeit äußerst intensiv,** so daß es nicht nur die »schöne Geschichte«, sondern auch den Erzähler gern mit in seine Träume nimmt. Deswegen sollten Sie noch etwas beachten: Vermeiden Sie vor allem bei jüngeren Kindern vor dem Einschlafen Geschichten und Märchen, die Gruselcharakter

---

* Vgl.: Der Streit um das Zubettgehen – seine Gründe, seine Folgen. In: *Kelmer, O., Stein, A.:* Das Fernsehen und unsere Kinder. München 1978

** Der »Fahrstuhl«, der den Menschen in seine Träume führt, durchläuft übrigens tagtäglich kurzfristig jenen Sektor des menschlichen Bewußtseins, der – auch bei Kindern! – als »hypnotischer Zustand« bekannt ist. Mit dieser eigenartigen Bewußtseinslage werden wir uns noch ausgiebig zu befassen haben.

haben oder in anderer Weise konfliktgeladen sind! Ein fröhlicher Spaziergang durch ein Zwergenschloß oder im Schlaraffenland ist allemal beruhigender als Erzählungen über boshafte Hexen, verlassene Kinder oder ausgerissene Gliedmaßen – auch wenn dieses Schicksal berechtigterweise den bösen Gnom »Rumpelstilzchen« trifft.
Indes: Nicht jedes Kind wird sich von einer einmaligen »Märchenstunde« besänftigen lassen, besonders wenn es ein angstauslösendes Erlebnis verarbeiten muß (wie z. B. einen Krankenhausaufenthalt). Sollte sich das Kind also in einer friedlich eingeschlafenen Nacht wiederum unter die Bettdecke seiner Eltern mogeln, ist das noch lange kein Grund zur Sorge. In manchen Fällen braucht man schon etwas Geduld – und vielleicht auch ein, zwei Wochen Zeit –, um dem Kind durch verstärkte Zuwendungsbeweise die Sicherheit zum Alleineschlafen zu geben.
Doch wie soll man sich verhalten, wenn das Kind trotz konsequenter allabendlicher Streicheleinheiten Nacht für Nacht gleichsam magnetisch in das Bett seiner Eltern gezogen wird? Auf jeden Fall wäre es falsch, dem Kind diese »Bettgewohnheit« mit aller Gewalt auszutreiben; ein verstärktes Bindungsverhalten (Schreien, Weinen oder »Quengeln«) wäre die zwangsläufige Folge! Viel wichtiger ist es, ein wenig Ursachenforschung zu betreiben und sich zu fragen: »*Warum* will mein Kind nicht alleine schlafen?« Falls sich Ihr Kind ohne sichtbaren Anlaß in bemerkenswerter Hartnäckigkeit in Ihrem Schlafzimmer »einnistet«, liegt bei ihm wahrscheinlich eine *generell* erhöhte Trennungsangst vor, ein ständiges Gefühl der Schutzlosigkeit (das sich im Dunkeln der Nacht natürlich noch verstärkt!) sowie die unterschwellige Befürchtung, seine Eltern könnten ihm davonlaufen. Deswegen sollten Sie auf jeden Fall

die *gesamte* Erziehungssituation sowie Ihre *Familienatmosphäre* (vgl. S. 128) selbstkritisch prüfen und – wenn nötig – verbessern, bevor Sie das Kind aus Ihrem Schlafzimmer hinauskomplimentieren. Falls sich der kleine Schlafgast – aus welchen Gründen auch immer – schon längere Zeit an die gemütliche Nestwärme des elterlichen Bettes gewöhnen durfte, dann sollte seine Ausquartierung keinesfalls abrupt erfolgen: Zunächst an einem Tag, dann an zwei oder drei Tagen in der Woche darf das Kind seine – von den Eltern gelobte! – Selbständigkeit beweisen, indem es »ganz tapfer« die Nacht in seinem Bettchen verbringt. Falls noch Geschwister im gleichen Zimmer schlafen, ist dieser Schritt gewiß nicht so schwierig. Bei Einzelkindern hat es sich oft bewährt, einen Spielkameraden vorübergehend über Nacht einzuladen. So lernt das Kind, beim Schlafen auf die unmittelbare Nähe seiner Eltern zu verzichten, ohne aber wirklich allein zu sein. Manche Kinder sind zwar bereit, allein zu schlafen, verlangen aber, daß die Tür ihres Zimmers offen bleibt oder das Licht nicht ausgeschaltet wird. Hinter diesem Wunsch scheint sich eine schwächere Spielart der Trennungsangst zu verbergen – es sei denn, dem Kind wurde der nächtliche Weg ins elterliche Schlafzimmer strikt verboten, so daß seine Angst vor einer eventuellen Bestrafung stärker ist als die Angst vor dem Alleinsein. Deshalb sollten die Eltern auch diese harmlosen Angewohnheiten zum Anlaß nehmen, über ihr eigenes Verhalten nachzudenken, bevor sie das Licht im Kinderzimmer (z. B. mit einem Dimmer) stufenweise löschen oder – falls notwendig – die Türe täglich um eine Handbreit schließen. Solange man das »Warum?« der kindlichen Reaktion nicht aus den Augen verliert, ist gegen einen solchen Erfindungsreichtum in der

Erziehung gar nichts einzuwenden. Jedoch ist es für die Eltern offenbar gar nicht so einfach, diesem »Warum?« auf den Grund zu gehen: In Beratungsgesprächen muß man immer wieder die Erfahrung machen, daß die allerwenigsten Eltern von sich aus auf die Idee kommen, ihr eigenes Verhalten könne – irgendwie – mit den kindlichen Ängsten im Zusammenhang stehen.

Doch auch dann, wenn das Kind die Nacht problemlos in seinem Bettchen verbringt, erheben sich weitere Fragen: Ab welchem Alter darf man ein Kind in der Wohnung alleine lassen? Und: Wie kann man einem ängstlichen Kind das Alleinsein beibringen? Verantwortungsbewußte Eltern werden ein Kind unter fünf Jahren niemals für längere Zeit unbeaufsichtigt lassen. Auch wenn das Kind bereits eingeschlafen ist, sollten Sie unter keinen Umständen heimlich die Wohnung verlassen. Denn, wie wir wissen, kann es – ganz unvorhergesehen – beängstigende Träume haben, die es plötzlich wachwerden lassen. Und was dann? Das Kind sucht seine Eltern, die es nirgends findet und gerät möglicherweise in Panik. Allerdings gehört das Alleinsein auch zur Selbständigkeit eines Kindes und sollte deshalb *allmählich* von ihm gelernt werden. So ist es durchaus vertretbar, einen Fünfjährigen für eine gewisse Zeit alleinzulassen, vorausgesetzt, das Kind kann schon telefonieren und weiß, wo seine Eltern notfalls zu erreichen sind. Auch einem älteren Kind sollte eine Telefonnummer hinterlassen werden oder zumindest sichergestellt sein, daß es sich eventuell an die Nachbarn wenden kann. So ist es zwar allein, braucht sich aber nicht verlassen zu fühlen. Jedoch muß immer im jeweiligen Einzelfall beurteilt werden, ob und wie lange ein Kind abends unbeaufsichtigt bleiben kann. Eine psychologische Empfehlung entbindet die

Eltern im übrigen keinesfalls von ihrer juristisch definierten Aufsichtspflicht! Es geht ja auch gar nicht darum, das Kind ab einem gewissen Alter – sozusagen zu »Testzwekken« – sich selbst zu überlassen, sondern um seine *prinzipielle* Fähigkeit, eine Phase des Alleinseins ohne Angstgefühle zu überstehen. Diese Selbstsicherheit entwickelt sich normalerweise auch ohne gezieltes »pädagogisches Programm« ganz von selbst, falls sie durch eine entsprechende Erziehungshaltung – und dazu gehören auch vorbereitende Gespräche mit dem Kind! – mehr und mehr gefördert wird.

»Ich möchte ja gern, daß unsere Birgit mal alleine bleibt«, formulierte eine Mutter ihre Bereitschaft, die Selbständigkeit ihrer fünfjährigen Tochter zu unterstützen, »aber ich brauche nur den Fuß auf die Türschwelle zu setzen, und schon gibt es ein großes Geschrei. Wie soll ich ihr denn das Alleinsein beibringen?« Auch hier müssen wir uns zunächst wieder Gedanken über die Ursachen dieser kindlichen Trennungsangst machen. Wie bei Markus, der nachts nicht alleine schlafen wollte, wurde in der psychologischen Untersuchung der kleinen Birgit ihre tiefe Unsicherheit offenkundig, ein ständiger Zweifel, ob sie sich tatsächlich der Zuneigung ihrer Eltern gewiß sein konnte. Ohne sich dessen bewußt zu sein, gaben ihr die Eltern tagtäglich mehrfach zwischen den Zeilen zu verstehen: »Was du tust, ist nicht richtig. Wir mögen dich nicht so, wie du bist!« Deshalb wäre jedes Lernprogramm zur Selbständigkeit für Birgit erst dann sinnvoll, wenn sie nicht mehr daran zweifeln muß, wirklich akzeptiert zu werden. Folglich wurde ihren Eltern empfohlen, zunächst einige Tage lang zu prüfen, ob sie ihrer Tochter vornehmlich in ruhiger und anerkennender Weise begegnen und ob die Familienatmo-

sphäre überwiegend entspannt ist. Denn erst wenn diese »Rahmenbedingungen« erfüllt sind, kann das folgende Selbständigkeitstraining Erfolg haben:
Vereinbaren Sie mit Ihrem Kind zunächst, daß Sie es für etwa zehn Minuten alleine lassen. Wenn es mit diesem kleinen Schritt einverstanden ist, dann sollten Sie die Wohnung verlassen, aber genau darauf achten, daß Sie pünktlich zurückkommen, um Ihre Glaubwürdigkeit nicht aufs Spiel zu setzen. Wenn Sie sich an diese Abmachung gehalten haben, können Sie – dank dieses Vertrauenskredits – Ihr Fortbleiben allmählich verlängern. Jedes tapfere Alleinbleiben sollten Sie – zur Anerkennung und Ermutigung – im Kalender oder in einem bunten Diagramm mit einem »Herzchen«, einem »Blümchen« oder einem anderen Zeichen des Erfolgs feiern. Nach zwei, drei Wochen wird es bestimmt möglich sein, auch ein fünfjähriges Kind eine Zeitlang allein zu lassen, falls es die Umstände erfordern. Natürlich dürfen Sie nicht vergessen, bei längerer Abwesenheit eine Telefonnummer bereitzulegen!

(2) Angst vor dem Kindergarten
Für viele Kinder ergibt sich die Notwendigkeit einer Trennung von ihren Eltern spätestens im Alter von etwa vier Jahren, wenn die Kindergartenzeit vor der Tür steht. Verständlicherweise bedeutet die Auseinandersetzung mit einer ungewohnten Umgebung und mit vielen fremden Menschen grundsätzlich eine aufregende Erfahrung. Deswegen brauchen wir uns keine Sorgen zu machen, wenn unser Kind mit leicht gemischten Gefühlen dem ersten Tag im Kindergarten entgegenfiebert. Jeder von uns hat eine solche Schwellenangst sicherlich schon einmal erlebt – sei es beim Antritt einer neuen Arbeitsstelle oder beim Besuch

eines größeren Festes: Fast immer sind bei derartigen Anlässen die Gesichter der Menschen anfangs viel verschlossener (eigentlich ängstlicher) als nach einer gewissen »Anwärmphase«. Wenn sich ein Kind jedoch nur mit heftigem Weinen von seiner Mutter trennt oder sich sogar strikt weigert, im Kindergarten zu bleiben, dann sollten die Eltern nachdenklich werden. Denn in diesem Fall können wir davon ausgehen, daß dem Kind bislang zuwenig Selbständigkeit (also Sicherheit) vermittelt wurde, um sich einerseits in einer neuen Umgebung zu behaupten und andererseits keine Befürchtungen begehen zu müssen, seine Eltern könnten es im Stich lassen oder gar für immer verlassen.

Der Trennungsschmerz wird aber nicht nur vom Kind erlebt! Beobachten wir einmal eine typische Abschiedssituation vor dem Kindergartentor: Die vierjährige Nicole bleibt abrupt stehen. Ihre Mutter redet auf sie ein, ergreift ihre Hand znd zerrt sie dann energisch hinter sich her. Erneut äußert das Mädchen seinen Unmut, indem es sich gegen den »Zugzwang« der Mutter sträubt, mit dem Fuß aufstampft und die ersten Tränen vergießt. Mit dem »störrischen« Kind an der Hand erkämpft sich die Mutter den Weg in den Hof des Kindergartens, wo sie von einer Erzieherin, die den Zwist beobachtet hatte, in Empfang genommen wird. Mit sanftem Nachdruck gelingt es den Erwachsenen schließlich, Nicole zum Weitergehen zu bewegen. Im Eingang des Kindergartens erleben wir nun das letzte Aufbäumen: Die Kleine schreit aus Leibeskräften, läßt sich aber dennoch von der Erzieherin in eine Spielecke entführen. Schon nach kurzer Zeit ist sie von den neuen Eindrücken überwältigt, ihre Gesichtszüge hellen sich auf, und sie beginnt vergnügt zu spielen. Ihre Mutter hingegen macht sich mit traurigem Gesicht auf den Heimweg. Mehrfach blickt sie zum Kindergarten zurück, öffnet ihre Handtasche und nimmt ein Taschentuch heraus, um sich – ganz verstohlen – eine Träne abzuwischen. An diesem Vormittag ruft sie einige Male im Kindergarten an, um sich nach dem Wohlergehen ihres Töchterchens zu erkundigen. Eigentlich kann sie gar nicht begreifen, daß Nicole diese Krise so schnell überwunden hat und sich inmitten der anderen Kinder pudelwohl fühlt. Solche Szenen an der Pforte des Kindergartens zeigen immer wieder, daß die Mutter (oder zuweilen auch der Vater) häufig unter viel größeren Trennungsängsten leidet als das Kind – und damit eigentlich erst den Abschied zu einer kleinen Tragödie werden läßt.

»Offensichtlich kann man die Trennungsangst eines Kindes mit etwas Nachdruck recht schnell beseitigen«, bemerkte ein Vater während eines Elternabends, »wir sollten demnach mit unseren Kindern nicht so zimperlich umgehen!« Gelobt sei, was hart macht? Gewiß gibt es immer wieder Situationen, in denen eine Angstreaktion des Kindes durch das ängstliche Verhalten seiner Eltern verstärkt oder sogar ausgelöst werden kann. Überdies ist es gerade für schüchterne und sensible Kinder zweifellos wichtig, das sie im Kreise Gleichaltriger ihre Selbstsicherheit trainieren. So wäre es in der Tat nicht richtig, jedem Bindungsimpuls des Kindes sofort nachzugeben und es noch eine Zeitlang zu Hause zu behalten, damit es von jedem Angstgefühl verschont bleibt. Am Beispiel von Nicole konnten wir ja sehen, daß ein Kind trotz anfänglicher Ängste mit Hilfe pädagogischer Einfühlsamkeit eine vorübergehende Trennung von ihren Eltern recht schnell ertragen kann. Doch Vorsicht, liebe Eltern! Achten Sie unbedingt darauf, daß die Trennungsangst Ihres Kindes nicht zum Schock wird! Berücksichtigen Sie deswegen immer auch das Urteil der Erzieherin und lassen Sie sich nicht allein von Ihren Gefühlen leiten. Eine außenstehende, neutrale Person kann viel besser beurteilen, ob und wie sehr Ihr Kind im Laufe des Kindergartentages unter Ängsten leidet. Halten wir fest: Nur wenn sich das Kind ganz sicher fühlt, von seinen Eltern *wirklich* angenommen und niemals verlassen zu werden, wird es eventuell Trennungsängste verarbeiten können. Falls die Eltern ihrem Sprößling dieses Vertrauen nicht vermitteln können, bleibt bei ihm möglicherweise ein Leben lang ein – mehr oder weniger verdrängte – Trennungsangst bestehen, die immer wieder durchbrechen kann, wie wir bei der Mutter von Nicole gesehen haben: In einem Beratungsgespräch räumte sie ein, als Kind panische Ängste ausgestanden zu haben, wenn ihre Mutter sie alleine ließ. Und genau darin lag die tiefere Ursache ihrer Angst und Traurigkeit, als sie Nicole im Kindergarten zurückließ: »Plötzlich wurde ich an meine eigene Kindheit erinnert . . .«

c) Die Trennungsangst der »großen Kinder«

Regina ist 27 Jahre alt und sucht Rat beim Psychologen, weil sie seit kurzer Zeit unter einem eigenartigen Angstgefühl leidet: Sie habe Angst vor dem Teufel, erklärt sie etwas verschämt, obwohl sie weder ausgesprochen gläubig noch in einem besonders religiös eingestellten Elternhaus aufgewachsen sei. Ihre ungewöhnliche Angst habe einen ganz »kindischen« Auslöser: Vor zwei Wochen hat sie den Horrorfilm »Der Exorzist« gesehen, und seitdem ist sie nicht mehr in der Lage, abends ohne »ganz schlimme« Angstzustände alleine zu bleiben: »Ständig beobachte ich die Fenster und Türen, schaue unter dem Sofa nach und kontrolliere die Schränke«, erzählt sie, »dabei klopft mir das Herz bis zum Halse. Das ist doch nicht normal! Solange ich weiß, daß mein Freund abends kommt, kann ich diesen Zustand ja noch ertragen. Aber in drei Wochen wird Ralf beruflich versetzt, so daß ich gezwungen werde, wochentags alleine zu bleiben. Ich weiß nicht, wie ich das schaffen soll.«

Ein Gruselfilm als Auslöser für Angstgefühle – das ist nichts Außergewöhnliches: Ein solcher Leinwand- oder Bildschirmgenuß erzeugt bekanntlich bei vielen Zuschauern ein ängstliches Unbehagen, selbst wenn Türen und Fenster fest verschlossen und obendrein noch die Rolläden heruntergelassen sind. Doch dieser Schauder verfliegt in der Regel spätestens am nächsten Morgen und macht der vernünftigen Überlegung Platz, daß es weder Teufel und böse Geister noch Vampire und Gespenster gibt. Nicht bei Regina! Ihre Angst vor dem Teufel kehrt Abend für Abend zurück und scheint sich sogar noch zu verstärken. Eine fixe Idee? Eine Wahnvorstellung, die psychiatrische Hilfe bedarf? Gewiß ist schon so mancher auf ähnliche Weise »Verfolgte« in die sichere Obhut einer psychiatrischen Anstalt oder unter den Einfluß entspannender (aber nicht problemlösender!) Psychopharmaka* geraten. Und dabei ist oftmals nur ein ausführliches Gespräch und ein wenig Phantasie nötig, um solchen rätselhaften Schwierigkeiten auf die Spur zu kommen. Angst vor dem Teufel, vor

---

* Psychopharmaka sind Medikamente, die insbesondere Ängste, Depressionen und körperlich-seelische Spannungszustände aller Art *vorübergehend* lindern können. Dieser rasche, aber nur scheinbare Erfolg verführt allzu leicht dazu, sich hinter einem Berg von »rosa Pillen« zu verstecken, anstatt den Problemen ins Auge zu sehen.

Gespenstern – was bedeutet das? Oder besser: *Wer* hat normalerweise diese Ängste? Ganz einfach: Kleine Kinder! Aber Regina ist kein Kind mehr, sondern ein vernünftiger erwachsener Mensch – und leidet trotzdem seit ihrem Filmerlebnis allabendlich unter ganz typischen Kindheitsängsten. Wie läßt sich das erklären? Im Gespräch mit Regina stellt sich bald heraus, daß sie als Kind häufig von ihren Eltern alleingelassen worden ist. Sie kann sich noch gut daran erinnern, daß sie im Vorschulalter manchen Abend in ihrem Bett lag und panische Angst vor »bösen Männern«, Einbrechern oder auch Gespenstern hatte. Wo ihre Eltern waren, wußte sie nicht. Im Laufe ihrer Entwicklung sind diese unverarbeiteten Ängste dann mehr und mehr in die Tiefe ihres Unbewußten versunken – bis sie in dem Horrorfilm ganz unvermittelt mit jenem »bösen schwarzen Mann« konfrontiert wurde, der sich als unauslöschliches Schreckgespenst seit mehr als zwei Jahrzehnten in ihrer Gefühlswelt verborgen gehalten hatte. Und damit erwachten plötzlich wieder all ihre Verlassenheits- und Trennungsängste, die sie als Kind in zahllosen dunklen Nächten erleben mußte. Anstatt also abenteuerliche Spekulationen und finstere Mutmaßungen über ihren »Teufelswahn« zusammenzutragen, wird Regina mit einem etwas ungewöhnlichen Vorschlag überrascht, nämlich das Alleinsein wie ein kleines Kind zu lernen, um ihre Angst vor dem Teufel zu überwinden. Der einzige Unterschied: Anstelle ihrer Eltern tritt ihr Freund Ralf, der gern bereit ist, dieses etwas eigenartig anmutende Selbständigkeitstraining mitzumachen: An mehreren aufeinanderfolgenden Abenden entfernt sich Ralf für zehn, dann für fünfzehn Minuten aus der Wohnung und vertritt sich auf der Straße die Beine. Es wird vereinbart, daß Regina ihm sofort folgen darf, wenn ihr Angstgefühl unerträglich werden sollte. Dabei wird jede erfolgreich überstandene Zeiteinheit – sozusagen als Ermutigung – in einem schriftlichen Protokoll festgehalten. Nach einer Woche ist Reginas Sicherheit deutlich gewachsen: Sie hält es bereits eine dreiviertel Stunde alleine in der Wohnung aus, bis sie von ihrer »inneren« Unruhe auf die Straße und in die Nähe ihres Freundes getrieben wird. In der zweiten Woche hält sich Ralf nunmehr bei Bekannten auf, wo er für Regina telefonisch erreichbar ist. Nach etwa drei Wochen ist das Training beendet: Das »große Kind« Regina ist in der Lage, ohne Unbehagen einen ganzen Abend lang allein in ihrer Wohnung zu verbringen, selbst wenn Ralf überhaupt nicht erreichbar sein sollte. Die Angst vor dem Teufel ist restlos überwunden!*

Dieses Beispiel zeigt nicht nur, daß unverarbeitete Kindheitsängste das Verhalten erwachsener Menschen in gravierender Weise (unbewußt) beeinflussen können; es wird auch deutlich, daß es mit Hilfe eines gezielten praktischen Trainings möglich ist, sogar tiefsitzende Angstgefühle in absehbarer Zeit zu lindern oder zu beseitigen.** Dabei erweist es sich immer wieder als sehr nützlich, dem Betroffenen die vermutlichen Ursachen seiner Ängste bewußt zu machen. Dennoch berechtigt diese Möglichkeit nicht zu übertriebenem Optimismus. Die (kindlichen) Trennungs-

---

* Dieses Training entspricht – wir erinnern uns – in allen Einzelheiten unserer Empfehlung für kleine Kinder (vgl. S. 95)!

** Ob solche Trainingsprogramme zur Angstbewältigung, die in den Bereich der *Verhaltenstherapie* einzuordnen sind, wirklich erfolgreich sein werden, läßt sich nie mit Sicherheit vorhersagen. Aufgrund ihrer einfachen Handhabung und ihres geringen Zeitaufwandes sollten sie aber auf jeden Fall zur Angstbewältigung versuchsweise eingesetzt werden.

ängste eines Erwachsenen sind oftmals derart fest in seinem Unbewußten verankert, daß sie trotz intensiver Gespräche gar nicht mehr bewußt gemacht, geschweige denn durch eine schlichte Verhaltenskorrektur bewältigt werden können. Wer will schon wahrhaben, daß sein Alkohol- oder Drogenmißbrauch, seine depressiven Verstimmungen oder impulsiven Aggressionen im Grunde genommen perfekt »kostümierte« Kindheitsängste darstellen?

»Ist es nicht reichlich übertrieben, jedes seelische Problem eines Menschen auf seine Kindheit zu schieben?« wenden viele Eltern in Beratungsgesprächen immer wieder ein, »im Laufe seines Lebens ereignet sich doch so viel – auch Unangenehmes! –, wodurch seine Persönlichkeit entscheidend verändert werden kann. Außerdem begegnet man doch immer wieder Menschen mit schweren seelischen Störungen, die eigentlich eine ganz normale Kindheit gehabt haben.« Selbstverständlich können Ängste und andere seelische Leiden zu jedem Zeitpunkt des Lebens entstehen. Und immer wieder kommt es vor, daß umweltbedingte Krisen bewältigt werden müssen, die selbst widerstandsfähige Naturen aus dem Gleichgewicht bringen können. Nur: Wie gut man mit seinen Problemen fertig wird, ob man nach einiger Zeit wieder Mut faßt oder aber beispielsweise in eine tiefe Depression fällt – das ist in entscheidendem Maße von der jeweiligen Stabilität abhängig, die – wie wir wissen – vor allem in der frühen Kindheit geprägt wird. Natürlich spielt auch die anlagebedingte seelische Robustheit eine wichtige Rolle, so daß ungünstige Erziehungsbedingungen nicht alle Kinder in gleicher Weise treffen. Doch wenn ein Erwachsener unter Problemen leidet, die nicht nur – aus sichtbaren Anlässen – vorübergehend sind, sondern seine Persönlichkeit geradezu durchsetzen, dann stellt man in gründlichen psychologischen Untersuchungen immer wieder fest, daß er in seiner Kindheit eine auffällige problematische Beziehung zu seinen Eltern (oder zu einem Elternteil) hatte. Für die Eltern, vielleicht sogar für die Geschwister, die Verwandten, aber erst recht für Außenstehende mag die Erziehungssituation des Betroffenen jedoch »völlig normal« gewesen sein.

Auch die 30jährige Klientin Helga scheint eine »normale« Kindheit genossen zu haben. Zumindest wird jede leise Kritik, die sie in Gegenwart ihrer Eltern an vergangenen Erlebnissen übt, als »Undankbarkeit« abgewiesen. Ihre Angst ist ja auch zu weit verbreitet und viel zu »erwachsen«, als daß man sie mit ihrer Kindheit in Verbindung bringen möchte: Sie befürchtet, ihr Partner könne sie verlassen. Deswegen klammert sie sich an ihn und engt ihn zunehmend ein, bis er schließlich die Flucht ergreift. So ergeht es Helga immer wieder: In entmutigender Regelmäßigkeit laufen ihr die Partner nach kurzer Zeit davon. Die Folge: schwere Depressionen und mehrere Selbstmordversuche. Die Gründe für diese starke Trennungsangst müßten für sie eigentlich im dunkeln bleiben; denn Helgas Erinnerung setzt – zunächst nur schemenhaft – erst in ihrem achten Lebensjahr ein. Trotzdem liegt uns folgendes Tonbandprotokoll vor:

»Wie alt bist du denn, Helga?«
»Drei Jahre.«
»Es ist Abend, du liegst in deinem Bettchen. Was wünschst du dir?«
»Daß Mami kommt.«
»Hat sie dich nicht ins Bett gebracht?«
»Nein!«
»Wo ist sie denn?«

»Weiß nicht!«
»Und wie fühlst du dich jetzt?«
»Ich habe Angst!«
»Wovor?«
»Vor . . . vor . . . daß meine Mami nie wiederkommt!«

Dieses Gespräch wurde nicht etwa vor 27 Jahren aufgezeichnet, sondern ist ein gegenwärtig festgehaltener authentischer Erlebnisbericht. Wie ist das möglich?
Obwohl der Mensch während seiner Entwicklung vom Kind zum Erwachsenen unzählige Eindrücke in verwirrender Vielfalt sammelt, die – so möchte man annehmen – im Laufe der Zeit in seiner Erinnerung verblassen müßten, bleibt dennoch jede einzelne Sekunde seines Lebens in seinem Gehirn unauslöschlich »eingraviert«. Nur: Wo ist die Geheimtür zu diesen Erinnerungsschätzen? Es gibt eine Reihe von Verfahren, wodurch die Kindheitserinnerungen eines Menschen wachgerufen werden können. Am bekanntesten ist wohl die von Sigmund *Freud* begründete *Psychoanalyse,* bei der versucht wird, verdrängte Probleme bewußt zu machen und zu verarbeiten, indem der Klient regelmäßig seine Träume aufschreibt und deuten läßt und in monate- und jahrelangen Gesprächen mit einem Therapeuten durch spontane Äußerungen aller (noch so absurden) Gedanken immer näher an seine kritischen Kindheitserlebnisse herangeführt wird. Darüber hinaus gibt es eine faszinierende Methode der Erinnerung, die viel weniger zeitaufwendig ist als solche intensiven Gespräche, aber trotzdem sogar die allerfrüheste Kindheit in einer unglaublichen Genauigkeit wieder ins Bewußtsein rufen kann: die *Hypnose!* Dieses Wort löst vielfach skeptisches Kopfschütteln oder aber auch ehrfürchtiges Staunen aus, als handele

es sich dabei um irgendeine magische Kraft oder gar um Zauberei. Doch in Wirklichkeit ist der schillernde Begriff »Hypnose« ganz banal aus der griechischen Übersetzung des Wortes »Schlaf« (= Hypnos) abgeleitet worden, obwohl dieser Vergleich nicht ganz richtig ist. Bei der Hypnose handelt es sich nämlich nicht um Schlaf, sondern um jenen angenehm entspannten Zustand, den – wir erwähnten es schon – jeder von uns beim Einschlafen und Erwachen kurzfristig durchläuft – ohne allerdings in der Lage zu sein, in diesem Zwischenstadium zu verweilen. Genau diese Aufgabe leistet die Hypnosetechnik: Sie ermöglicht es, in diesen körperlich-seelischen Ruhestand zu fallen, den man ohne »Nachhilfe«* normalerweise täglich nur für wenige Sekunden genießen kann. Dabei muß aber noch ein verbreitetes Mißverständnis ausgeräumt werden: Die hypnotische Entspannung ist keinesfalls prinzipiell eine Art Ohnmacht, aus der man schlaftrunken erwacht, ohne sich daran zu erinnern, was in der Zwischenzeit geschehen ist. Viele Menschen erreichen lediglich einen leichten bis mittleren Hypnosegrad, sind also bei vollem Bewußtsein. Nach erfolgter Entspannung behaupten sie oft steif und fest, nichts von einem hypnotischen Zustand bemerkt zu haben. Aber auch jene Menschen, die in tiefe Hypnose sinken, sind jederzeit ansprechbar und können sich sogar sprachlich äußern – obwohl sie sich an das Gehörte und Gesagte meist nicht mehr oder nur nebelhaft erinnern. Dennoch hat sich während der Hypnose das Tor zum Unbewußten des hypnotisch Entspannten teilweise sehr weit geöffnet! Die Medizin nutzt (leider viel zu

---

* Ähnliche Entspannungszustände lassen sich – nach einiger Übung – auch durch Autogenes Training oder Yoga hervorrufen.

selten) diese Chance, um seelisch mitverursachte Krankheiten durch positive Beeinflussungen (»Deine Stirn ist klar und frei!«) zu lindern oder in mitunter spektakulärer Weise zu heilen. Auch seelische Leiden wie Ängste und Depressionen lassen sich auf die gleiche Weise günstig beeinflussen (»Du fühlst dich ruhig und entspannt!«). So erstaunlich solche Heilerfolge auch sein mögen – die Hypnose wird erst dann wirklich faszinierend, ja geradezu unglaublich, wenn man sich während dieses Ruhezustands auf eine »Reise« in die Vergangenheit begibt. Tatsächlich gelingt es immer wieder, auch die frühesten Kindheitserinnerungen eines hypnotisierten Menschen in erstaunlicher Präzision wachzurufen.* Folglich sollten sich die Eltern grundsätzlich davor hüten, die Wahrnehmungsfähigkeit ihres Säuglings oder Kleinkindes zu unterschätzen. Die beschwichtigenden Formeln: »Das bekommt das Kind sowieso nicht mit!« oder »Das versteht es doch noch gar nicht!« sind leichtfertige Unterstellungen, an denen gewiß schon manche Kinderseele zerbrochen ist!

Nach diesem kleinen »Rundgang« durch die Welt der Hypnose sollten wir zu unserem Ausgangspunkt zurückkehren, nämlich zur Trennungsangst der 30jährigen Helga. Jetzt wissen wir auch, wie das Gespräch zustande gekommen ist, in dem sie drei Jahre alt zu sein schien: durch eine *Altersregression* in Hypnose. Dazu sollte man wissen, daß solche intensiven Erinnerungen keinesfalls in neutraler Distanz am inneren Auge vorüberziehen. Vielmehr ist der Hypnotisierte davon überzeugt, die wachgerufenen Situa-

* Diese unvorstellbare Gedächtnisleistung ist in der Wissenschaft als *Hypermnesie* bekannt. Die gedankliche »Reise« in die Vergangenheit eines Menschen nennt man *Altersregression*.

tionen *tatsächlich* ein zweites Mal zu durchleben – auch wenn er sich nach seiner Rückkehr in das Hier und Jetzt nicht mehr daran erinnern kann. In mehreren Hypnosesitzungen mit Helga zeigte sich, daß ihr mitgeteiltes Verlassenheitserlebnis keine Einzelepisode war. In dem Geschäftshaushalt ihrer Eltern war offenbar kein Platz für die Tochter, die von wechselnden Kindermädchen mehr schlecht als recht versorgt wurde. »Wir haben alles für dich getan!« beteuerten die Eltern immer wieder und haben dabei übersehen, daß Helgas Trennungsangst und ihr Gefühl, abgelehnt zu werden, ständige Begleiter ihrer Kindheit waren. Kein Wunder also, daß sie die unerfreulichste Phase ihres Lebens radikal aus ihrem Gedächtnis gestrichen hat! Es ist nun mal ein ganz typischer menschlicher Zug, unangenehme Erinnerungen schneller und gründlicher zu »vergessen« (jetzt können wir mit Recht sagen: zu verdrängen) als die Lichtblicke oder Glanzlichter der Vergangenheit. Doch das Unbewußte läßt sich nicht betrügen. Die sträflichen Versäumnisse ihrer Eltern haben Helgas gesamtes Leben, vor allem ihre Beziehung zu Männern, entscheidend geprägt. Hinter ihren krampfhaften Versuchen, einen Partner an sich zu binden, hören wir jetzt ganz deutlich den verzweifelten Ruf eines hilflosen Kindes: »Mami, Papi – laßt mich nicht allein!«

Vor diesem Hintergrund erscheint der dramatische Appell »Ich kann ohne dich nicht leben!«, den man häufig aus dem Munde von vernünftigen erwachsenen Menschen hört, in einem ganz anderen Licht. Diese »unsterbliche« Liebe, die gern als höchstes Ideal verehrt wird, gerät nunmehr in einen schlimmen Verdacht: Man entdeckt in ihr plötzlich keine selbstlose Zuneigung mehr, nicht einmal vertraute *Anhänglichkeit,* sondern vielmehr eine geradezu lebensnotwendige *Abhängigkeit.* Und das heißt: eine unverarbeitete kindliche *Verlassenheits-* und *Trennungsangst!*

2. »Schwellenangst«

Der fünfjährige Dirk wird von seiner Mutter in die Praxis des Psychologen gebracht, weil er »so furchtbar gehemmt« ist. Dieser Wesenszug des Jungen wird sogleich offenkundig, als er das Spielzimmer betritt: Abrupt bleibt er unmittelbar an der Tür stehen; eine unsichtbare Barriere scheint ihm den Weg zu versperren. »Nun geh' doch!« fordert ihn seine Mutter auf, um gleich fortzufahren: »Setz' dich da hin!« Willig folgt Dirk der Richtung ihres ausgestreckten Zeigefingers und setzt sich in eine Sofaecke. Nun berichtet die Mutter von den Schwierigkeiten des Kindes: »Also, das

kennen wir eigentlich gar nicht! Mein Mann und ich sind völlig frei und ungezwungen, aber Dirk geht einfach nicht aus sich heraus. Wenn er in eine fremde Umgebung kommt, dann dauert es Stunden, bis er mal auftaut.«
»Ist ja auch gar nicht so einfach, sich bei fremden Leuten zurechtzufinden, was?« Diese an die Adresse des Jungen gerichtete Aufmunterung des Beraters wird sofort erwidert – von seiner Mutter: ». . . aber er weiß doch, daß nichts passieren kann!« »Und wie gefällt's dir im Kindergarten?« Auch diese Frage wird ohne Atempause von Dirks Mutter beantwortet: »Da kennt er sich ja mittlerweise aus . . .!« Im weiteren Verlauf des Gesprächs schildert sie die »tausend« Hemmungen ihres Sohnes, wobei sie ihm mehrfach ein knappes »Laß das!« zuwirft, als er zum Beispiel an seinem Ärmel zupft und am Sofa »herumfummelt«. Da das eigentlich vorgesehene Dreiergespräch – trotz hartnäckigen Gegensteuerns des Beraters – immer mehr zu einem Monolog der Mutter ausartet, wird vorgeschlagen, erst einmal mit Dirk allein zu spielen. Eine Ritterburg in der Zimmerecke weckt sein Interesse. Zögernd nähert er sich dem Spielzeug, ergreift vorsichtig einen Zinnsoldaten – und zuckt zusammen. »Aber nichts kaputtmachen!« Seine Mutter ist im Türrahmen stehengeblieben, um jede Bewegung ihres Sohnes genauestens zu verfolgen. Nachdem sie schließlich den Raum verlassen hat, scheint Dirk sich merklich wohler zu fühlen. Dennoch wirkt sein Spiel weder spontan noch phantasievoll. Man hat den Eindruck, als werde jede seiner Bewegungen von einer unsichtbaren Kraft kontrolliert, ja geradezu »ferngesteuert«. Nach geraumer Zeit gemeinsamen Spiels wird Dirk allmählich lebhafter, schlüpft in die Rolle eines Ritters und verkündet seine Entschlossenheit, die Burg auf jeden Fall zu erobern.

Nachdem die »Verteidigung« der Festung zusammengebrochen ist und Dirks Heerscharen ihren triumphalen Einzug gehalten haben, wecken plötzlich andere Gegenstände seine Aufmerksamkeit: »Darf ich mal die Schlange haben?« Das meterlange Stofftier wird gründlich untersucht. Danach läßt der kleine Entdecker zwei Marionetten – ein Kätzchen und ein Fabelwesen – nach seiner Regie tanzen, natürlich nicht ohne ein höfliches »Darf ich . . .?« Ja, Dirk darf, er soll sogar! Denn es gibt für ein fünfjähriges Kind wohl kaum etwas Wichtigeres als die spontane und ungezwungene »Eroberung« seiner Umwelt.
Daß der Erkundungsdrang ein fundamentales natürliches Bedürfnis ist, sehen wir an einem amüsanten Tierversuch, der von dem amerikanischen Forscher Harry *Harlow* durchgeführt wurde: Er setzte jeweils ein Rhesusäffchen in einen recht langweiligen (oder wie man auch sagt: reizarmen) Käfig, in dem sich lediglich ein einziges »Spielzeug« befand – ein dreiteiliger Riegelmechanismus. Obwohl die Tiere keinerlei Futter als Belohnung erhielten (wie bei der Tierdressur üblich), war das eigentlich »sinn- und zwecklose« Manipulieren für sie Anreiz genug, um sich mit diesem Gegenstand ausdauernd zu beschäftigen. Schließlich gelang es ihnen sogar, den recht komplizierten Riegel zu lösen.
Auch beim Kind können wir schon in den ersten Lebensmonaten eine solche Freude am Ausprobieren und Spielen feststellen. Nicht ohne Stolz registrieren wohl die meisten Eltern sein wachsendes Interesse an der Umwelt – als Zeichen für seine geistige Regsamkeit. »Dirk sprach schon sehr früh«, erinnert sich seine Mutter während des Beratungsgesprächs, »und wir hatten unsere helle Freude an ihm. Er war so fröhlich und lebendig!« Die Schwierigkeiten

begannen offenbar erst, als Dirk laufen konnte: »Ständig mußte ich ihn ermahnen, weil er immer irgendwas anstellte!« In der Tat hat der erste Schritt des Kindes eine besondere Bedeutung: Monatelang liegend, sitzend und »krabbelnd« ist sein Lebensraum sehr begrenzt, seine Fortbewegung weitgehend vom Wohlwollen der Erwachsenen abhängig. Mit der neu gewonnenen Fähigkeit, auf eigenen Beinen zu stehen, öffnen sich jetzt ungeahnte Möglichkeiten, den Neugiertrieb zu befriedigen: All die hochinteressanten Dinge, von denen das Kind bislang meist ferngehalten wurde, rücken auf einmal in greifbare Nähe und wollen intensiv untersucht werden – sei es der Radiowecker oder der Staubsauger, der Fernseher oder die Stereoanlage.
Der Erkundungsdrang sorgt jedoch nicht nur für die geistige Entfaltung und Beweglichkeit des Kindes, sondern ist auch eine wichtige Voraussetzung für seine Eigenständigkeit, für die Loslösung von seiner engsten Bezugsperson (meist der Mutter): Die Neugierde macht das Kind mobil, treibt es sozusagen »in die Welt hinaus« und wirkt damit dem Geborgenheitsbedürfnis entgegen. Diese Entwicklung zur Unabhängigkeit beginnt eigentlich schon während seiner ersten Lebensmonate. Wir erinnern uns: Ein Säugling ist durchaus schon in der Lage, alleine im Zimmer zu bleiben und seine Spielsachen zu erkunden. Wie intensiv er sich dabei ohne elterliche Rückendeckung selbständig beschäftigen kann, das heißt, wie unbefangen er sich seinem Neugiertrieb hingeben kann, ist vor allem von seinem *Sicherheitsgefühl* abhängig. Wenn das Kind nämlich Angst hat, die Eltern könnten es verlassen, dann hat es keine innere Ruhe für ein unbesorgtes Spiel. Es versucht vielmehr immer wieder durch sein Bindungsverhalten – durch Rufen, »Quengeln« oder Weinen – sicherzustellen, daß

der Kontakt zur Mutter oder zum Vater nicht unterbrochen wird. Diese Beobachtung zeigt uns, wie eng die verschiedenen Ängste des Kindes miteinander verflochten sind: Eine starke Trennungsangst kann sein Erkundungs- und Spielverhalten erheblich einschränken und damit zu *einer* Ursache seiner *»Schwellenangst«* werden.

Der stärkste Hemmschuh aber, der die freie Entfaltung der kindlichen Persönlichkeit bremst, ist eine dominierende, also beherrschende und einengende Erziehungshaltung. Denn sobald das Kind auf eigenen Füßen steht und die Eltern sein Verhalten als mehr oder weniger störend, lästig oder auch gefährlich empfinden, scheiden sich die Geister! Sein aktives Interesse an der Umwelt, das im ersten Lebensjahr mit Stolz und Freude wahrgenommen und liebevoll gefördert wurde, gerät nunmehr in Mißkredit. Beim Überschreiten der Schwelle zum Neuen und Unbekannten, beim Ausleben ihrer Entdeckerfreude erfahren viele Kinder von ihren Eltern keine Unterstützung mehr. Im Gegenteil: Der übertriebene Gebrauch der winzigen Wörtchen »Nicht!« und »Nein!« (die in *sinnvoller* Dosierung für die Entwicklung des Kindes eigentlich unentbehrlich sind) blockiert manch hoffnungsvolle Entwicklung eines fröhlich-aktiven jungen Menschen. Das »Du sollst nicht . . .!« kann zu einer schier unüberwindlichen Hürde auf dem Weg zur Selbständigkeit werden, wenn es bei jedem noch so geringen Anlaß benutzt wird. »Tu' nicht, sag' nicht, sei nicht!« – diese ständigen Verweise sind wie innere Fesseln, die ein Kind immer verschlossener und gehemmter werden lassen. Allerdings hat das Wörtchen »Nicht!« einen schillernden Charakter: Es kann sich – sozusagen zwischen den Zeilen – in einer zärtlichen Geste äußern, mit der man das Kind ganz beiläufig ablenkt oder sein Verhalten korrigiert.

Es kann aber auch weinerlich oder vorwurfsvoll, fordernd oder drohend ausgesprochen werden. Zum Beispiel würde niemand eine Mutter, die ihrem zweijährigen Kind sanft, aber entschlossen die Armbanduhr des Vaters aus der Hand nimmt und es für ein anderes Spielzeug begeistert, als beherrschend oder einengend bezeichnen. Eine Mutter hingegen, die jeden Schritt ihres Sprößlings mit ängstlicher Aufmerksamkeit verfolgt, um jederzeit schützend oder helfend einzugreifen, entspricht dem landläufigen Bild der »Übermutter«: Sie erdrückt ihr Kind geradezu mit Zuwendung und verbaut ihm damit den Weg in die Selbständigkeit. Ihr Leitmotiv liegt auf der Hand: Sie hat Angst, ihrem Kind könnte etwas zustoßen. Wir können sogar einen Schritt weitergehen und mutmaßen: Diese Mutter leidet möglicherweise noch unter ihrer eigenen verdrängten kindlichen Trennungsangst, die sie – ohne sich dessen bewußt zu sein – auf ihr Kind überträgt.
Wie läßt sich aber jenes einengende Verhalten beurteilen, daß wir an der Mutter des fünfjährigen Dirk beobachten können? Sanft und einfühlsam ist es ganz sicher nicht, und es entbehrt zweifellos auch einer ängstlichen Fürsorge. Viel zu unbedeutend sind die Anlässe ihrer Eingriffe, viel zu fordernd ist der Tonfall ihrer Stimme! Offenbar steht sie unter einem starken inneren *Zwang,* ihrem Kind den »rechten Weg« zu weisen, indem sie jede »Unordentlichkeit«, also jeden Verstoß gegen ihr ganz persönliches Regelsystem, mit einem fordernden oder drohenden »Nicht!« ahndet. Um die Hintergründe dieses Verhaltens zu verstehen, müssen wir etwas vorgreifen: Die *Gewissensangst* der Mutter (vgl. S. 147) bürdet ihr (natürlich unbewußt!) die Verpflichtung auf, ihr Kind ganz nach ihren – durch die eigene Erziehung geprägten – Vorstel-

lungen zu formen: »Benimm dich anständig und mach gefälligst nur dann den Mund auf, wenn du gefragt wirst . . .!« Und noch etwas mag zuweilen ein solches – nennen wir es beim Namen! – autoritäres Verhalten mitbestimmen: ein unterschwelliges Machtbedürfnis, der Wunsch, alle bislang geschluckten eigenen Unterdrückungen durch das angenehme Gefühl der Überlegenheit auszugleichen.

Ob das Verhalten der Eltern nun vornehmlich von Überfürsorglichkeit im eigentlichen Sinne des Wortes oder von übertriebener Zwanghaftigkeit, also fordernder Strenge bestimmt wird*, beide Motive haben ähnliche Folgen: Das Kind wird mehr oder weniger liebevoll, fordernd oder strafend eingeengt und in der Entfaltung seiner Persönlichkeit behindert. Je nach Temperament und seelischer Robustheit mag es sich in sein Schicksal fügen, vielleicht sogar die Behütungen durch seine Eltern genießen, trotzig und aggressiv reagieren oder aber sich immer mehr verschließen, also Schwellenangst entwickeln – wie uns das Beispiel des verschüchterten Dirk gezeigt hat. Durch diese Rückzugsstrategie werden die Hemmungen des Kindes aber nur noch verstärkt: Je mehr es sich nämlich von allem abkapselt, desto geringer wird seine Auseinandersetzung mit der Umwelt sein, also jenes *lebenspraktische Training,* das für den Aufbau und Erhalt der Selbstsicherheit unbedingt notwendig ist – nicht nur in der Kindheit, sondern ein Leben lang!

---

* In den Elternpersönlichkeiten sind fast immer *beide* Triebfedern in unterschiedlichem Maße verankert. Wenn man nun bedenkt, daß eine ängstlich-überfürsorgliche Mutter durchaus auch hart durchgreifen und ein strenger Vater in bestimmten Situationen zweifellos ein gluckenhaftes Verhalten an den Tag legen kann, dann wird offenbar, wie vielschichtig die Ursachen kindlicher Ängste sind.

»Das ist doch alles graue Theorie und reichlich übertrieben!« hielt eine Mutter während eines Elternabends mit ihrer Meinung nicht hinter dem Berg, »jetzt stellen Sie sich einmal vor, meine Sandra steckt eine Stricknadel in die Steckdose oder klettert auf die Fensterbank. Dann soll ich also tatenlos zusehen, weil ja – wie Sie sagen – jedes ›Nicht!‹ ihre Entwicklung hemmt. Irgendwo muß aber doch wirklich Schluß sein!« Einwände dieser Art sind für nahezu jedes Elterngespräch ganz typisch: Mit zwei, drei *extremen* Beispielen, die selbstverständlich einen elterlichen Eingriff (besser jedoch *Vorbeugung!**) erfordern, werden kurzerhand jene zahlreichen Einengungen für notwendig oder sinnvoll erklärt, die wohl fast jedes Kind während seiner Entwicklung erfährt, obwohl sich bei kritischer Prüfung ein großer Teil dieser Erziehungsmittel als völlig überflüssig erweist.
Vielleicht fallen Ihnen jetzt ganz spontan bestimmte Eltern in Ihrer Nachbarschaft oder in Ihrem Bekanntenkreis ein, die ihr Kind in ganz auffälliger Weise gängeln und einengen. Könnte es aber nicht sein, daß *auch Sie* viel öfter als notwendig den Freiraum Ihres Kindes mit einem knappen »Nicht!« beschneiden? Eine flüchtige Selbstbeurteilung mag Ihnen das Gegenteil beweisen: »Wenn ich meinem Kind sage, daß es etwas unterlassen soll, dann gibt es dafür auch triftige Gründe!« Sicherlich! Doch in der Beratungspraxis sieht man immer wieder, daß sich in der Routine des Alltags viel mehr ängstliche oder autoritäre Verweise einschleichen, als den meisten Eltern bewußt wird.

---

* Wenn man die Steckdosen gegen kindliche Neugier absichert und gefährliche Gegenstände unter Verschluß hält, kann man sich manche Ermahnung oder berechtigte Einschränkung sparen.

Machen Sie sich deshalb die kleine Mühe und zählen Sie anhand einer Strichliste ein paar Tage lang, wie oft Sie Ihr Kind (sein Alter spielt keine Rolle!) mit einem »Nicht!« in die Schranken verweisen. Dabei ist es völlig unerheblich, ob Ihre Verbote berechtigt sind oder nicht. Wir wollen ja lediglich versuchen, eine objektive Bestandsaufnahme zu machen, ohne zu beurteilen, ob unsere Erziehungshaltung »gut« oder »schlecht« ist. Die Summe Ihrer täglichen Zählungen tragen Sie dann bitte in das Diagramm auf der nächsten Seite ein. Auf diese Weise erhalten Sie eine Art Fieberkurve, an der Sie die Anzahl Ihrer täglichen Einengungen ablesen können. Sicher: Ein lebhaftes Kind wird verständlicherweise wesentlich häufiger durch elterliche Eingriffe gebremst werden müssen als ein stilles Gemüt. Dennoch gibt es auch bei einem quirligen und unruhigen »Quälgeist« zahlreiche Verhaltensweisen, die man kommentarlos akzeptieren sollte, auch wenn es vor allem den temperamentvollen und impulsiven Eltern gar nicht so leicht fallen dürfte, sich stärker zurückzunehmen als bisher. Der Sinn unseres kleinen Verhaltensprotokolls liegt also darin, die Häufigkeit der Hemmschwellen zu verringern, die das Kind in seiner Entfaltung behindern.
Wenn Sie nun Ihr eigenes Verhalten kritisch unter die Lupe nehmen, können Sie eine ganz interessante Entdeckung machen: Bei jedem »Nicht!«, das nunmehr über Ihre Lippen kommt, werden Sie sich ganz automatisch fragen, ob hinter diesem Verweis wirklich eine sachliche Notwendigkeit steht oder aber eine übertriebene Sorge bzw. ein in Ihrer Persönlichkeit begründeter übermäßiger Zwang (z. B. zur Ordentlichkeit). Auf diese Weise nimmt die Anzahl Ihrer *überflüssigen* Kommentare sichtbar ab, wodurch der Freiraum der Kinder vergrößert und damit

WIE OFT ICH »NICHT« SAGE ...

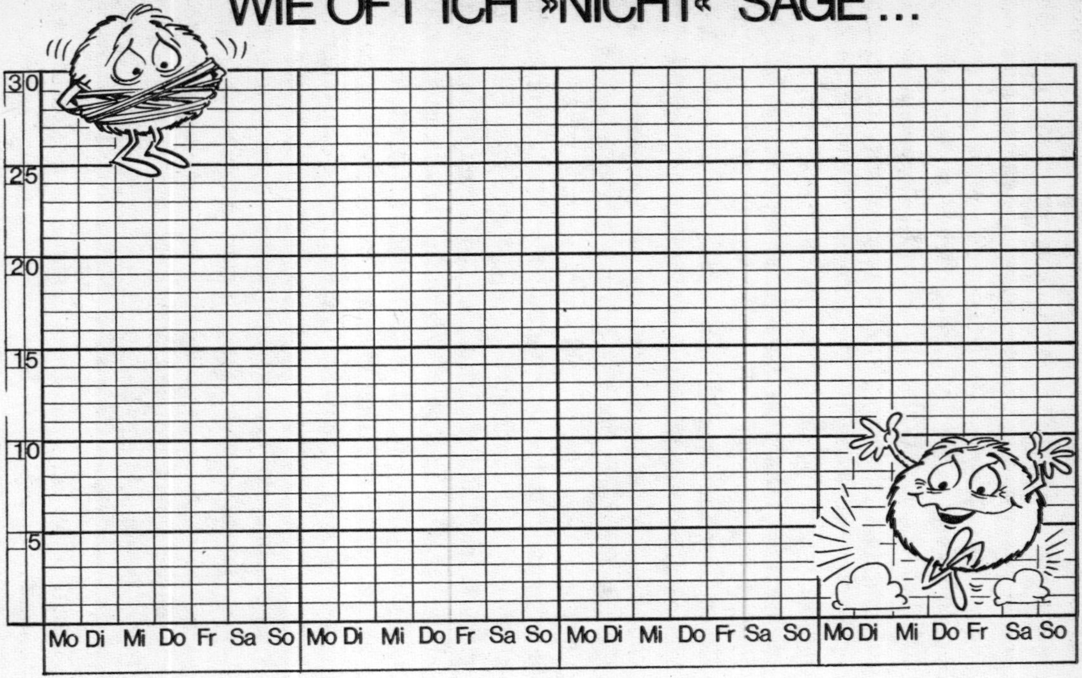

ihre Selbständigkeit gefördert wird – die wichtigste Voraussetzung zur Überwindung kindlicher »Schwellenangst«! Ganz beiläufig wird sich dann auch die gesamte Familienatmosphäre entspannen, was von den Kindern dankbar aufgenommen wird: »Mami meckert gar nicht mehr so viel . . .!« Diese Feststellung stammt übrigens von dem fünfjährigen Dirk, dessen Mutter – wir haben ihr Verhalten zu Beginn dieses Abschnitts erlebt – auf die durchschnittliche Anzahl von vierzig einengenden Bemerkungen pro Tag kam.* Durch eine konsequente Selbstkontrolle gelang es ihr, sich innerhalb von drei Wochen auf etwa fünfzehn tägliche Einengungen herunterzuarbeiten. Ihr Kommentar ist ebenso knapp wie einleuchtend: »Dirk ist viel freier geworden, und ich bin nicht mehr so nervös.«

Das vorwurfsvoll-weinerliche oder aggressiv-fordernde »Nicht!« erfahren aber nicht nur Kinder. Die elterliche Überfürsorglichkeit oder zwanghafte Strenge bleibt in vielen Fällen ein Leben lang wirksam. Häufig erlebt man in der Beratungspraxis eine merkwürdige Kettenreaktion: Die Mutter oder der Vater eines gehemmten Kindes sind eigentlich selbst noch »Kinder«, die immer noch unter dem starken Einfluß *ihrer* Eltern stehen, die »ganz zufällig« im gleichen Haus oder ein paar Straßen weiter wohnen. Doch auch ohne Analyse der komplizierten Beziehungen innerhalb einer Familie läßt sich die »Schwellenangst« häufig durch ein systematisches Training überwinden, indem man jene Situation gezielt aufsucht, in denen man sich unbehag-

---

* Das sind 280 Einengungen pro Woche, 1120 im Monat und 13 440 im Jahr. Alles in allem wurden demnach etwa 40 000 (!) Neugier- und Bewegungsimpulse des Jungen zwischen seinem zweiten und fünften Lebensjahr unterdrückt. Ist seine »Schwellenangst« da noch ein Wunder?

lich fühlt. Und das gilt für die Kinder ebenso wie für die Erwachsenen.

3. Angst vor Ablehnung

Bleiben wir zunächst noch bei den Einengungen, die ein Kind durch seine Eltern erfährt. Um jedem Mißverständnis vorzubeugen, sei deutlich betont: Selbstverständlich müssen Kinder auch lernen, ihre eigenen Wünsche zurückzustellen; denn ein menschliches Miteinander ist nur dann möglich, wenn jeder auf den anderen Rücksicht nimmt. Der Status »Kind« ist ja kein Freibrief für ein ungehemmtes Ausleben eigener Bedürfnisse. Da es aber zur Natur der Kinder gehört, impulsiver und unüberlegter zu handeln als die Erwachsenen, wird man nicht umhinkommen, ihr zuweilen ungestümes Temperament durch entsprechende Hinweise zu bremsen und ihr Verhalten in akzeptable Bahnen zu lenken. Nur: Auf das *Wie* kommt es an! Nehmen wir beispielsweise den gereizten Verweis: »Jetzt mach' nicht solch einen Krach!« Damit erreicht man vielfach genau das Gegenteil: Das Kind wird nach einer kurzen Schreckminute erst recht zu toben beginnen. Der ruhig ausgesprochene Satz: »Kannst du bitte etwas leiser sein, sonst bekommen wir Ärger mit den Nachbarn« hingegen ist viel geeigneter, den gewünschten Erfolg zu erzielen; denn einerseits wird dem Kind durch die plausible *Begründung* vermittelt, daß die elterliche Bitte eine sachliche Notwendigkeit und keine Willkür darstellt, andererseits kann es dem ruhigen *Tonfall* entnehmen, daß seine Eltern ihm trotz seines Übermuts nicht böse sind. Solche freundlichen Aufforderungen sind für die Entwicklung seines Selbstwertgefühls von entscheidender Bedeutung. Denn *jedes* gereizte, harte oder zornige Wort gibt ihm ja zu verstehen: »Du benimmst dich unmög-

lich, und deshalb mag ich dich nicht!« In psychologischen Untersuchungen kann man immer wieder feststellen, daß Kinder das Schimpfen ihrer Eltern generell als Ablehnung ihrer *gesamten* Person erleben, auch wenn ihnen in gut gelaunten Augenblicken das Gegenteil versichert wird. Ein neunjähriges Mädchen, das wegen seiner ständigen Angst vor Ablehnung schüchtern und kontaktscheu ist, drückt seine typisch kindlichen Empfindungen in einem kurzen Gespräch auf verblüffend einfache Weise aus:

»Was dcnkst du, wenn deine Mutter mit dir schimpft?«
». . . daß sie mich nicht lieb hat.«
»Sagt sie dir nie, daß sie dich lieb hat?«
»Doch – aber wenn sie mich wirklich lieb hat, würde sie doch nicht schimpfen.«

a) Das »Stimmungsbarometer«

Die Kinder werden aber nicht nur angehalten, unerwünschte Verhaltensweisen zu unterlassen, sie haben auch elterlichen Aufforderungen nachzukommen: »Wasch' dir die Hände!«, »Beeil' dich!«, »Räum' dein Zimmer auf!«, »Iß endlich!« oder »Geh' sofort ins Bett!« – das sind die immer wiederkehrenden leidigen Ermahnungen, die so manches Familienleben zur reinen Tortur werden lassen. Aber auch diese Anweisungen müssen ja nicht unbedingt gereizt oder aggressiv klingen und dem Kind ebenfalls signalisieren: »Mama und Papa mögen mich nicht!« Man kann diese Wünsche auch sachlich und ruhig, ja sogar freundlich formulieren!

Spätestens bei dieser Bemerkung werden in manchem Beratungsgespräch und bei manchem Elternabend »Protesterklärungen« abgegeben wie: »Immer ruhig und freundlich sein, das ist leichter gesagt als getan! Wir Eltern sind doch keine Übermenschen. Wenn man an einem hektischen Tag mal aus der Haut fährt, dann kann man uns doch keinen Vorwurf machen – besonders wenn es die Kinder geradezu darauf anlegen, auf unseren Nerven herumzutrampeln!«

Natürlich geht es hier keinesfalls darum, einen Schuldigen zu suchen und den Eltern einmal mehr den »Schwarzen Peter« zuzuschieben. Es sollen lediglich *Ursache-Wirkungs-Zusammenhänge* aufgezeigt werden, um die kindlichen »Unarten« durchsichtiger zu machen – eine wichtige Voraussetzung für ein erträgliches Zusammenleben aller Familienmitglieder. Und da die Erwachsenen doch vernünftiger sind (oder sein sollten) als das Kind und täglich demonstrieren, wie »groß, stark und unfehlbar« sie sind, sollten sie auch den ersten Schritt tun. Wenn wir jede

»Unart« des Kindes sogleich mit den passenden Kommentaren belegen, dann wird es uns nie gelingen, aus diesem verhängnisvollen »Wie du mir, so ich dir« herauszukommen. Das Kind bleibt stur oder aggressiv, weil es ausgeschimpft wird – die Eltern schimpfen mit dem Kind, weil es »einfach nicht hören will«. Wir wissen, daß ein solches »Verhaltenspingpong« oftmals schon in der frühen Kindheit einsetzt und daß sich auch hinter manchen kindlichen Aggressionen eigentlich eine tiefe Angst vor Ablehnung, also der Wunsch nach Zuneigung und Anerkennung verbirgt (vgl. S. 84: der »nervtötende« Florian).
»Aber so schlimm ist unsere Erziehungshaltung doch gar nicht!« versuchen viele Eltern jeden Appell zur aktiven Mitarbeit gern beiseite zu schieben. »Glauben Sie wirklich, daß die paar Ermahnungen, die doch einfach notwendig sind, unser Kind bockig oder ängstlich machen?« Falls das Kind tatsächlich täglich nur »ein paar« sachliche Ermahnungen erfährt, ist dieser Einwand gewiß berechtigt. Doch in vielen Fällen werden die Kinder viel öfter ausgeschimpft, als dies die Eltern wahrhaben wollen. Versuchen Sie deshalb einmal, sich in die Lage eines Kindes zu versetzen und seinen »normalen« Alltag nachzuempfinden: Der Wecker reißt Sie aus den schönsten Träumen. Sie drehen sich noch einmal zur anderen Seite. Nur noch ein paar Minuten liegenbleiben! »Steh' endlich auf!« befiehlt Ihnen eine unsichtbare Stimme. Erschrocken fahren Sie zusammen. Sie ziehen sich die Bettdecke über die Ohren, können sich aber dem vorwurfsvollen »Jetzt komm' endlich!« nicht entziehen. Widerwillig erheben Sie sich und steuern verschlafen das Badezimmer an. »Jetzt wasch' dich endlich!« meldet sich die Stimme wieder. Ja, genau das hatten Sie eigentlich vor. Am Waschbecken angekommen,

hören Sie ein ungeduldiges »Beeil' dich!«, das durch die geschlossene Tür dringt. Auf dem Rückweg ins Schlafzimmer werden Sie mit einer Gewissensfrage konfrontiert: »Hast du dir auch die Zähne geputzt?« Das läßt sich nachprüfen, weil die Zahnbürste ja noch trocken ist. Also: zurück ins Bad! »Jetzt wird's aber Zeit!« Die Stimme duldet keine ausgiebige Gesundheitspflege. Es geht ihr wohl nur ums Prinzip. Eilig kehren Sie ins Schlafzimmer zurück. »Zieh' dich endlich an!« Richtig – das wollten Sie sowieso tun! Unsichtbare Hände haben Ihnen schon die Kleidung bereitgelegt, unter anderem diesen häßlich gemusterten Pullover. Sie möchten lieber den blauen anziehen und holen ihn aus dem Kleiderschrank. »Was meinst du wohl, warum ich dir die Sachen zurechtgelegt habe?« werden Sie prompt angefahren. Da hilft kein Widerspruch – Sie werfen den blauen Pulli etwas unwirsch über eine Stuhllehne. »*Ich* kann ja wieder aufräumen!« beklagt sich die unsichtbare Stimme und fährt gleich fort: »Kommst du endlich frühstücken?« Klar, was sollten Sie sonst tun? Am Frühstückstisch stützen Sie – noch etwas müde – Ihren Kopf in die Hände. »Setz' dich anständig hin!« bekommen Sie sofort Ihre Quittung. Beim ersten Schluck Kaffee verschütten Sie ein wenig auf die Untertasse. »Paß doch auf!« werden Sie zurechtgewiesen und erfahren gleich darauf, wie es um Ihre Geschicklichkeit bestellt ist: »Stell' dich nicht so an!« – so wird Ihr verzweifeltes Bemühen honoriert, das frische Frühstücksei seiner Schale zu entledigen. »Iß doch!« – dieser Befehl kommt wie aus heiterem Himmel; denn sie essen ja. Jedoch hätten Sie besser beim Kauen nicht aus dem Fenster geschaut. »Es ist gleich halb acht!« Die Küchenuhr zeigt zwanzig nach sieben, und Sie wissen natürlich, daß Sie um halb acht aus dem Haus gehen

müssen. Sie wollen noch schnell einen Blick in die Zeitung werfen. »Beim Essen wird nicht gelesen!« macht Ihnen die Stimme dieses kleine Vergnügen zunichte. Schließlich lassen Sie ein halbes Brötchen auf dem Teller liegen, weil Ihnen der Appetit vergangen ist, doch Ihr unsichtbarer Beobachter zeigt sich unerbittlich: »Aufessen!« Während Sie in den Flur gehen, würgen Sie den letzten Bissen hinunter. »Hättest Du dich beeilt, brauchtest du nicht im Stehen zu essen!« werden Ihnen Ihre Versäumnisse vor Augen gehalten. »Hast du auch nichts vergessen? Und daß mir keine Klagen kommen! Nimm bloß deine Gedanken zusammen!« – diese Worte rauschen als sinnleere Geräuschkulisse an Ihnen vorbei, während Sie sich den Mantel überziehen. Schon fast an der Haustür angekommen, erreicht Sie die Stimme ein letztes Mal: »Und paß schön auf, wenn du über die Straße gehst!«
Vielleicht haben Sie diese kleine Szene als Extremfall empfunden, dennoch dürfte Ihnen die eine oder andere Bemerkung bekannt vorgekommen sein. Wie haben Sie diese unsichtbare Stimme und ihren Machtanspruch empfunden? Fühlten Sie sich von ihr akzeptiert oder eher abgelehnt? Was meinen Sie – wären Sie bereit, ihr bei Gelegenheit ganz freiwillig einen Gefallen zu tun? Oder würden Sie ihr lieber »eins auswischen«? Diese Fragen hat der achtjährige Christoph, der tagtäglich von der »sichtbaren Macht« seiner Mutter – ähnlich wie in unserer kleinen Szene – gegängelt wurde, mit der klaren Logik eines Kindes beantwortet: »Die erwachsenen Leute sind dumm!« Auf die erstaunte Frage des Beraters, wie er denn zu einer derartigen Erkenntnis käme, meint er: »Weil die immer schimpfen.« Mit der weiteren Erläuterung dieser Aussage bringt Christoph das gesamte Problem der »nervenden«,

ungefälligen und auch ängstlichen Kinder auf einen schlichten Nenner: »Die Kinder wären doch viel lieber, wenn nicht dauernd geschimpft würde. Sie würden auch den Eltern viel mehr helfen. Das tun sie nur nicht, weil sie die Eltern nicht nett finden.«

Solcher psychologischen Analysen sind übrigens fast alle »verhaltensschwierigen« Kinder fähig, wenn man sie gezielt befragt. Sollten wir nicht vor dieser kindlichen Weisheit kapitulieren und versuchen, unsere impulsiv-gereizten und oftmals gedankenlosen Bemerkungen auch dann zu bremsen, wenn wir im ewigen »Kleinkrieg« mit dem Kind im Recht sind? Die »Belohnung« für diese Selbstüberwindung klingt verlockend: Man kann immer wieder erfreut feststellen, daß die elterlichen Einlenkungsversuche – ein paar Wochen lang durchgehalten – vom Kind dankbar aufgenommen werden und sein Verhalten in erstaunlicher Weise verändern können.

Beobachten Sie also Ihre Erziehungshaltung eine Zeitlang ganz bewußt, und achten Sie dabei zunächst auf den *Tonfall* Ihrer Stimme! Dabei werden Sie vielleicht eine verblüffende Entdeckung machen: Wenn Sie mit Freunden, Bekannten oder auch mit fremden Personen reden, dann mögen Sie ruhig und freundlich wirken. Kaum wenden Sie sich hingegen Ihrem Kind zu, bekommt Ihre Stimme einen ganz gespannten, fordernden und gereizten, vielleicht auch resigniert-vorwurfsvollen Klang. Das Kind scheint kein *Partner*, sondern *Gegner* zu sein! Auch im Beratungsgespräch kann man diese Veränderung im Tonfall der Eltern regelmäßig beobachten, selbst wenn das Kind gar nicht anwesend ist. Es genügt schon, die Eltern um eine möglichst genaue Schilderung der kindlichen »Unarten« zu bitten. Bei vielen von ihnen verändern sich sogleich die

Gesichtszüge und – bei entsprechendem Temperament – beginnen die Hände in lebhaften Gesten die unversehens hart und gereizt klingenden Worte zu unterstreichen. Ja, zuweilen richtet sich der drohende Zeigefinger unvermittelt auf den Berater: »Und glauben Sie nur nicht, daß ich mir so etwas gefallen lasse . . .!« Erst ein entwaffnendes »Warum schimpfen Sie denn mit mir?« macht der Mutter oder dem Vater plötzlich den eingeschlagenen Tonfall bewußt und läßt meist ein (verschämt-)freundliches: »Ich meine *Sie* doch nicht . . .!« folgen. »Aha«, geht es nun dem Berater durch den Kopf, indem er versucht, den Entrüstungssturm der Eltern aus der Sicht des Kindes zu erleben, »so sieht also das Erziehungsklima in dieser Familie aus!« Und soeben war man noch geneigt, sich völlig ratlos zu fragen, warum diese netten und sympathischen Eltern mit ihrem Kind nicht zurechtkommen.

Wenn Sie nun in den nächsten Tagen über Ihren Tonfall, der ja in wesentlichem Maße zum Erziehungsklima beiträgt, Buch führen, dann sollten Sie gelegentlich (z. B. beim Frühstück oder Abendessen) ein Tonbandgerät als neutralen Beobachter einschalten. Auf diese Weise erhalten Sie ein objektives Bild Ihrer sprachlichen Äußerungen; denn meist merkt man es selbst am wenigsten, wenn die eigene Stimme lauter, gereizter oder wehleidig-vorwurfsvoll wird. Natürlich wechseln die Situationen des Alltags viel zu schnell, als daß Sie einen präzisen »Wetterbericht« Ihrer Stimmung erhalten könnten. Deshalb wollen wir uns damit begnügen, einen Durchschnittswert, eine gewisse *Tendenz* festzustellen.

Am Abend des ersten Beobachtungstages geben Sie sich im »Stimmungsbarometer« in jener Höhe ein Kreuz, die Ihrem *überwiegend* eingeschlagenen Tonfall enspricht:

MEIN STIMMUNGSBAROMETER

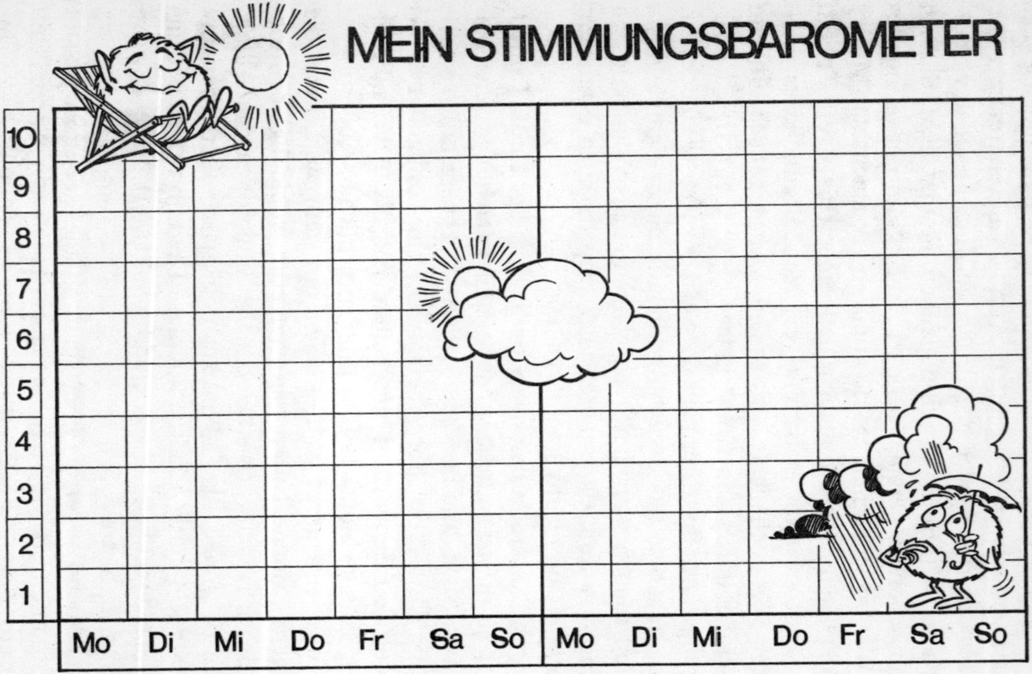

Das »Tief« (1–3) zeigt an, daß sie häufig ärgerlich, gereizt, fordernd oder vorwurfsvoll reagierten. Das »Veränderlich« (4–7) besagt, daß Sie zuweilen etwas gereizt waren, aber sich dennoch ganz gut beherrschen konnten. Wenn Sie dem Kind gegenüber meist ruhig und verständnisvoll, nur gelegentlich sachlich ermahnend waren, dann nähern Sie sich bereits dem »Hoch« (8–10), das eine heitere und fröhliche Stimmungslage symbolisieren soll. Sicher: Schon ein einziges kräftiges Gewitter *kann* die gute Laune eines ganzen Tages trüben; deshalb sollten Sie sich solche turbulenten Ereignisse zusätzlich notieren. Wenn Sie schließlich die einzelnen Kreuze miteinander verbinden (Mutter und Vater können verschiedene Farben benutzen), dann erhalten Sie Ihr Stimmungsdiagramm, das Ihnen möglicherweise über manch eine unerklärliche Launenhaftigkeit Ihres Kindes Aufschluß geben mag.

b) »Bankkonto« der Erziehung

Befassen wir uns noch etwas genauer mit unseren ungehaltenen Äußerungen. Wir haben ja schon aus dem Munde eines Kindes gehört, daß eigentlich jedes unfreundliche Wort als *Ablehnung* empfunden wird. Überdies konnten Sie durch eigene Erfahrung nachvollziehen, daß eine ständig nörgelnde und kritisierende Person kaum auf Gegenliebe stößt, weil sie einfach ihren »Kredit« verspielt hat. Was meinen Sie: Haben Sie bei Ihrem Kind wohl ein »Guthaben«, weil Sie ihm häufig Zuwendung und Anerkennung vermitteln? Halten sich »Soll« und »Haben« vielleicht die Waage? Oder aber stecken Sie schon tief in den »roten Zahlen«, weil Sie Ihr Kind wesentlich häufiger ablehnen als anerkennen? Auch bei dieser Bilanz sollten Sie sich nicht auf einen flüchtigen Rückblick verlassen;

denn wer seine Bankauszüge oberflächlich gelesen in den Papierkorb wandern läßt, der hat sein Konto schneller überzogen als ihm lieb ist. Und wenn diese Unbekümmertheit schon jahrelang andauert, könnte sich – ohne daß man es merkt – ein riesiger Schuldenberg angesammelt haben. Überprüfen Sie also Ihr »Bankkonto« der Erziehung etwas genauer.

Zählen wir anhand der Strichliste, wie oft Sie Ihrem Kind Unfreundlichkeiten sagen. Dazu gehören alle gereizten Bemerkungen, besonders wenn sie wiederholt ausgesprochen werden: »Ich habe dir doch schon hundertmal gesagt, . . .!« Außerdem zählen wir alle Strafen mit – seien sie nun »handgreiflich« oder in Verbote gekleidet: »Weil du böse warst, darfst du nicht . . .!« Auch ein ärgerliches »Laß das!« oder »Nicht!« werten wir als Ablehnung, obwohl diese Verweise bei einem Kind mit »Schwellenangst« schon in der »Einengungskurve« (vgl. S. 118) mitgerechnet wurden. Ebenso wie bei der Bestandsaufnahme unserer Einengungen spielt es hier keine Rolle, ob eine Ermahnung berechtigt ist oder nicht – es geht uns lediglich darum, die Anzahl solcher Äußerungen möglichst objektiv zu erfassen. Selbstverständlich sind ruhig formulierte Sätze wie: »Wäschst du dir bitte die Hände?«, »Das Essen ist fertig!« oder »Beeilst du dich bitte?« keine Ablehnungen, sondern ganz neutrale Hinweise, die im menschlichen Miteinander üblich sind, so daß wir sie nicht mitzuzählen brauchen. Anerkennende Worte wie »Schön!«, »Prima!«, »Freut mich!« oder »Das ist lieb von dir!« werden in Ihrer Strichliste auf der »Haben«-Seite verbucht. Am Abend des ersten Beobachtungstages machen Sie dann »Kassensturz«: Sie addieren Ihr »Soll« und machen ein Kreuz an der entsprechenden Stelle im Diagramm auf S. 133.

Dann zählen Sie Ihr »Haben« zusammen und markieren die Gesamtzahl mit einem kleinen Kreis. Nun können Sie Ihren »Kontostand« unmittelbar ablesen – und haben wahrscheinlich die entscheidende Erklärung für das auffällige Verhalten Ihres Kindes schwarz auf weiß vor sich liegen. Wenn Sie jetzt noch von Tag zu Tag die Kreuze und Kreise jeweils miteinander verbinden, entstehen zwei »Umsatzkurven«, die Sie ständig auf dem Laufenden halten, ob Sie noch etwas für Ihr »Haben« tun sollten. Übrigens wäre es schon ein riesiger Erfolg, wenn sich »Soll« und »Haben« lediglich die Waage hielten. Denn in den meisten Fällen, die in der Erziehungsberatung untersucht werden, tritt ein bedenkliches Mißverhältnis zutage: Die Anzahl der Ablehnungen, die ein Kind erfährt, liegt teilweise um ein Mehrfaches über der Zuwendungsbilanz.
Die zwölfjährige Birgit beispielsweise ist im Kreise Gleichaltriger völlig verschüchtert; sie traut sich nichts zu und hat sich bereits zum »Mauerblümchen« entwickelt. Zu Hause ist sie dagegen launisch, aggressiv und außerordentlich ungefällig. Ihre Mutter – eine impulsive, temperamentvolle Frau – kann sich dieses Verhalten nicht erklären, ist aber gern bereit, sich selbst eine Zeitlang zu beobachten. Schon nach drei Tagen ruft sie in der Beratungsstelle an und faßt das Ergebnis ihres kleinen Experiments in einem Satz zusammen: »Ich bin entsetzt!» Ohne daß sie sich dessen jemals bewußt geworden wäre, ermahnte sie ihre Tochter täglich etwa 50–70mal. Über die Anzahl ihrer Anerkennungen ist sie ebensowenig glücklich: »Ich habe Birgit etwa fünfmal pro Tag etwas Nettes gesagt, aber nur, weil ich jetzt darauf achte.« Selbst wenn wir von 50 Ablehnungen pro Tag ausgehen, hat Birgit seit ihrem dritten Lebensjahr etwa 150000 Ablehnungen erfahren.

Im Unterschied zum tatsächlichen Bankkonto ist es aber gar nicht notwendig, die Schulden »Mark für Mark« abzutragen. Kinder sind überhaupt nicht nachtragend, sondern warten nur darauf, daß die Eltern den ersten Schritt zur Verständigung tun. Sobald die »Sollkurve« einige Tage lang sinkt und die »Habenkurve« etwas ansteigt, stellen viele Eltern übereinstimmend fest: »Wir kommen mit unserem Kind jetzt viel besser zurecht!«
Sicher: Man muß sich zu dieser kleinen Buchführung überwinden. Doch ist es wirklich ein zu hoher Einsatz, wenn man einige Wochen lang etwa fünf Minuten täglich für eine spürbare Verbesserung des gesamten Zusammenlebens – und damit auch für den Abbau der kindlichen Ängste – opfert? Zumal ein entspanntes Familienklima viel mehr Freiraum für all jene Freizeitbeschäftigungen läßt, die aufgrund der ständigen überflüssigen Querelen bislang einfach zu kurz kamen. Allerdings sollten Sie sich bei der Kontrolle Ihrer impulsiven Äußerungen nicht überfordern und den Ratschlag zur Selbstbeobachtung nicht als Appell an eine absolute Selbstbeherrschung mißverstehen. Ein jahrelang eingeschliffenes Verhalten läßt sich nicht von heute auf morgen »umkrempeln«, und gewaltsam unterdrückter Ärger würde das Familienklima kaum verbessern. Solche selbstauferlegten Zwänge sind auch gar nicht notwendig; denn sobald Sie sich Ihrer gereizten Reaktionen nur *bewußt* werden, verringern sie sich allmählich von selbst, ohne daß Sie gezielt darauf einwirken müßten – wie die Mutter eines »schwierigen« Kindes formulierte: »Eigentlich brauche ich mich gar nicht zu zwingen. Ich habe schon nach kurzer Zeit gemerkt, daß ich viel ruhiger geworden bin.«

›BANKKONTO‹ DER ERZIEHUNG

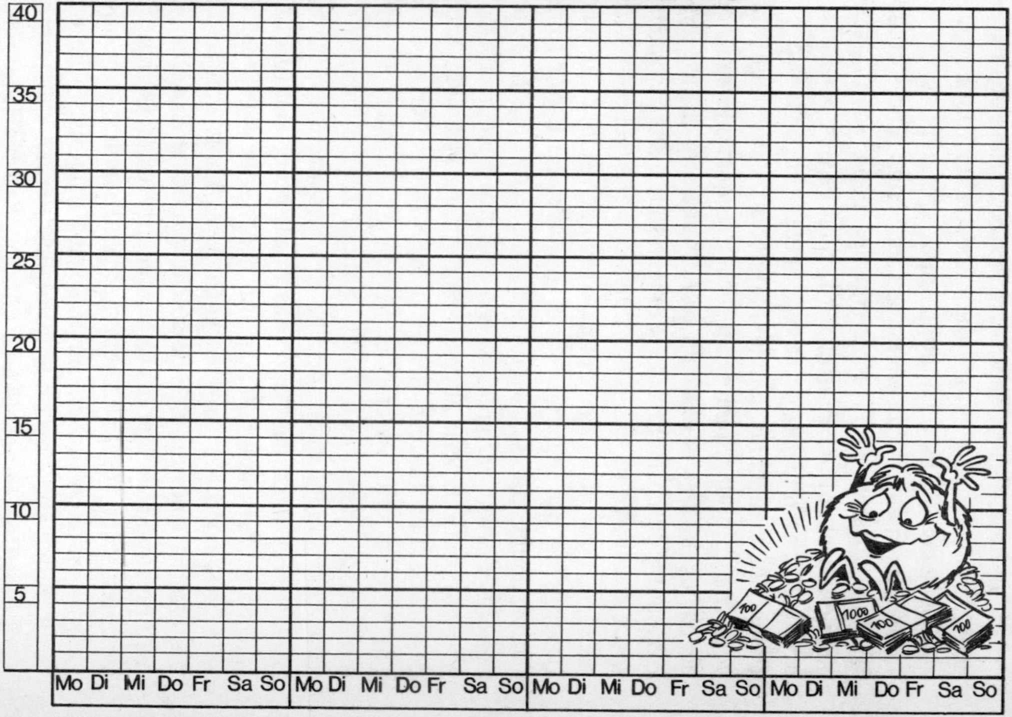

c) Die familiären Spielregeln

Mit der Beobachtung Ihres Verhaltens haben Sie den ersten und wichtigsten Schritt zur Verbesserung des Familienklimas und damit zum Wohlbefinden aller Familienmitglieder getan. Selbstverständlich muß aber auch das Kind an der allgemeinen Entspannung mitarbeiten. Die Voraussetzungen dafür sind recht günstig; denn sobald sein »Erziehungskonto« entlastet wird, zeigt es sich gewiß viel umgänglicher und kooperativer. Setzen Sie sich also bei Gelegenheit zu einer Familienkonferenz zusammen und versuchen Sie, die Spielregeln Ihres Zusammenlebens neu abzustecken. Das ist deshalb so notwendig, weil fast jede Erziehung durch mehr oder weniger starke *Inkonsequenz* geprägt ist: Wenn das Kind beispielsweise gebeten wird aufzuräumen, aber die Mutter schließlich selber für eine Beseitigung des »Chaos« sorgt, bestärkt sie damit seine Überzeugung, daß sich schon alles von selbst regelt. Wenn der Vater etwas verbietet, was die Mutter wieder erlaubt, so werden die Eltern über kurz oder lang von dem Kind gegeneinander ausgespielt. Falls das Kind morgens »herumklüngelt« und Vater oder Mutter als »Taxichauffeur« einspringen, damit es nicht zu spät zur Schule kommt, so sieht das Kind keinen Anlaß, sich das nächste Mal zu beeilen. Erscheint das Kind trotz freundlicher Hinweise zu spät zum Essen und läßt sich von der Mutter als »Sondergast« bedienen, so wird es auch in Zukunft häufig die Tischzeiten ignorieren. Eine solche elterliche Erziehungshaltung – und die hieraus folgenden kindlichen Gleichgültigkeiten oder gar Frechheiten – sind vielfach die Ausgangssituationen für jene impulsiven Reaktionen, die wir ja eigentlich abbauen wollen. Folglich werden klar formulierte Spielregeln verhindern können, daß die Eltern vor

der scheinbaren Notwendigkeit stehen: »Aber wir *müssen* doch einfach schimpfen!«
Sagen Sie dem Kind etwa folgendes: »Weißt du, wir sind in letzter Zeit so oft aneinandergeraten, daß wir einfach etwas ändern müssen. Ich schimpfe und du bist sauer – dann bist du wieder bockig, so daß ich schimpfen muß. Aber dieser ganze Ärger muß ja eigentlich gar nicht sein, wenn jeder von uns seinen Teil dazu beiträgt, daß wir uns besser verstehen. Ich werde ab jetzt versuchen, weniger zu schimpfen – und du versuchst ebenfalls, ein bißchen netter und entgegenkommender zu sein, einverstanden?« Nun besprechen Sie, in welcher Form die kritischen Punkte geregelt werden sollen: Einem Kind beispielsweise, das morgens ständig angetrieben werden muß, versichern die Eltern, daß sie nicht mehr »meckern« werden. Allerdings muß es selbst darauf achten, daß es pünktlich in die Schule kommt. »Aber dann kommt es doch zu spät!« entgegnen die meisten Eltern, denen man diese Empfehlung gibt. Fragt man aber, wie oft ihr Kind denn schon zu spät gekommen sei, erhält man fast immer die Antwort: »Noch nie!« Demnach ist also die Angst, das Kind *könnte* sich verspäten, die Ursache der ständigen Ermahnungen. Soll es doch zu spät kommen und die *Erfahrung* machen, daß man sich seine Zeit besser einteilen muß! Doch in fast allen Fällen, in denen man den Kindern diese Verantwortung überträgt, kommen sie *nicht* zu spät zur Schule.
Indem man das Kind als *Partner* akzeptiert und ihm auch einen gewissen Vertrauenskredit gibt, fördert man seine Selbständigkeit, stärkt sein Selbstbewußtsein und braucht die Familienatmosphäre nicht weiterhin mit überflüssigen Ermahnungen zu vergiften. Und wenn das Kind sich nicht an die Abmachungen hält? Nun, dann braucht man weder

zu schimpfen, noch zu strafen; denn man hat ja klipp und klar abgesprochen, welche *Folgen* ein Verstoß gegen die Spielregeln hat. Diese Konsequenz seines (Fehl-)Verhaltens tritt nunmehr anstelle der sonst üblichen Strafe, die ja allzuoft – je nach Stimmung der Eltern – völlig unberechenbar eingesetzt wird. Auf diese Weise wird das Kind den Eltern nicht mehr wegen ihrer willkürlichen und impulsiven »Strafaktionen« böse sein oder gar Angst vor ihnen haben müssen, sondern sich wahrscheinlich über sich selber ärgern und das nächste Mal viel eher darum bemüht sein, die Absprachen einzuhalten.

In diesem Zusammenhang sollten wir noch ein Erziehungsmittel ansprechen, das aus früheren Jahrhunderten stammt, sich aber offenbar immer noch größter Beliebtheit erfreut, nämlich das Schlagen der Kinder oder wie man es vornehm umschreibt: die »körperliche Züchtigung«. Natürlich weisen es die meisten Eltern von sich, ihr Kind zu schlagen, obwohl die Realität oft ganz anders aussieht. Der Widerspruch zwischen Selbsteinschätzung und tatsächlichem Verhalten wird in folgender (ernsthaften!) Bemerkung einer Mutter auf die Spitze getrieben: »Ich schlage mein Kind nie – nur ab und zu bekommt es eine Ohrfeige.« Solange man eine solche Machtdemonstration als sinnvolles Erziehungsmittel einsetzt (ganz gleich, ob es sich »nur« um einen Klaps handelt, um eine Ohrfeige oder eine »Tracht Prügel«), hat man den Grundstein dafür gelegt, daß vor allem die sensiblen Kinder nicht nur die Ablehnung, sondern auch die (schmerzhafte) Überlegenheit ihrer Eltern fürchten. Wenn man jedoch – wie es sicherlich in jeder Erziehung dann und wann vorkommt – von seinem Kind derart in Rage gebracht wird, daß einem aus lauter Zorn die »Hand ausrutscht«, dann ist das beileibe keine

Katastrophe. Anstatt sich mit Selbstvorwürfen zu quälen, sollte man seinem Kind die Hand reichen und ihm erklären, daß man einfach am Ende seiner Nervenkraft war. Vielleicht stellt sich ja bei dieser kleinen Versöhnung heraus, daß das Kind im Kindergarten oder in der Schule einigen Ärger schlucken mußte oder daß das »Erziehungskonto« mal wieder im »Soll« steht.
Ein offenes Gespräch mit ihrem Kind bereitet aber vielen Eltern große Schwierigkeiten: Eine unsichtbare Wand scheint den Weg zueinander zu versperren. Damit berühren wir ein ganz wichtiges Problem, das eigentlich in jedem Partnerschaftskonflikt mitschwingt: die *freie Äußerung von Gefühlsregungen*. Ob Ärger oder Freude, Zuneigung oder Angst – es scheint einfach zum guten Ton zu gehören, seine Gefühle weitgehend unter Verschluß zu halten. Und unter dieser »Geheimniskrämerei« leidet nicht nur die Partnerschaft zwischen den Erwachsenen, sondern auch die Eltern-Kind-Beziehung. »Sie soll mir lieber eine 'runterhauen, als den ganzen Tag mit so einem Gesicht herumzulaufen!«* – dieser Stoßseufzer eines achtjährigen Jungen ist bezeichnend: Selbst die unausgesprochene Ablehnung, die sich häufig in einem verschlossenen, abweisenden oder mißmutigen Gesichtsausdruck bemerkbar macht, kann für empfindsame Kinder schmerzhafter sein als ein Schlag ins Gesicht. Was das Kind aber nicht weiß: Meist sind ihm die Eltern gar nicht böse, wenn sie ein ärgerliches oder beleidigtes Gesicht zur Schau tragen. Hinter ihrer abweisenden Fassade verbirgt sich allzuoft lediglich die Schwierigkeit oder Unfähigkeit, ihre Gefühle frei zu äußern. Wie wirkt sich eine solche Gefühlssperre auf die Entwicklung eines Kindes aus?

---

* Das darf natürlich nicht als Einladung mißverstanden werden!

Im Falle des mittlerweile 30jährigen Dietmar anfangs nicht sonderlich dramatisch – wie es schien. Er beendete die Schule mit Erfolg und machte seine Lehre als kaufmännischer Angestellter. Bei oberflächlicher Betrachtung entdeckt man nichts Auffälliges in seiner Persönlichkeit. Dennoch begibt er sich in psychologische Behandlung, weil er – ohne daß seine Umwelt es merkt – unter panischer Angst vor Menschen leidet, einer Angst, die sogar von allergischen Hautreizungen begleitet wird. Ständig bildet er sich ein, in abweisende Gesichter zu sehen – sei es bei seiner Frau, bci dcn Arbeitskollegen oder bei der Begegnung mit fremden Menschen. Zu einem freundlichen Lächeln, einem unbefangenen »Hallo!« oder einer entwaffnenden scherzhaften Bemerkung ist er nicht fähig, weil er als Kind jahrelang gelernt hat, seine Gefühle unter Kontrolle zu halten. So trägt er in seiner Hilflosigkeit jenes gewollt seriöse Gesicht zur Schau, das allgemein als »arrogant« mißverstanden und von der Umwelt mit entsprechendem Unmut registriert wird. Seine verschlossene Haltung, hinter der sich eigentlich seine kindliche Angst vor Ablehnung verbirgt (»Die anderen mögen mich nicht!«), führt schließlich zu einer Bestätigung seiner Fehlwahrnehmung.
So lautet unsere letzte Empfehlung für Ihre Familienkonferenz: Vereinbaren Sie mit Ihrem Kind, daß jeder versuchen soll, seine Gefühle möglichst ehrlich zu äußern. Diese Spielregeln muß man erst eine Zeitlang trainieren. Doch wenn Sie Ihnen in »Fleisch und Blut« übergegangen sind, kann ihre Auswirkung verblüffend sein: Wenn Sie im Haushalt oder im Beruf einen nervenaufreibenden Tag hinter sich haben oder sich aus anderen Gründen gestreßt fühlen – was man Ihnen verständlicherweise am Gesicht ablesen kann –, würde jedes mehrdeutige Schweigen das

Kind verunsichern. Es fürchtet, selbst der Anlaß Ihres Ärgers zu sein – vor allem dann, wenn Sie es schließlich aufgrund irgendeiner Kleinigkeit mürrisch anfahren. Durch den offen ausgesprochenen Satz: »Du, ich hatte heute einen anstrengenden Tag, ich bin ziemlich gereizt!« hingegen kann das Kind ihre Gemütslage viel besser einschätzen und fühlt sich auch dann nicht mehr abgelehnt, wenn Sie Ihrem inneren Druck nicht mehr standhalten können und trotz bester Vorsätze laut werden.
Das freimütige Äußern der Gefühle hat noch eine weitere positive Wirkung: Ihre eigenen inneren Spannungen gehen merklich zurück. Nicht ohne Grund ist das »Aussprechen« einer der wichtigsten Bestandteile jeder Psychotherapie und eigentlich die Basis einer jeden guten Freundschaft. Warum soll dieser Austausch von Gefühlen und Gedanken nicht auch unter Partnern möglich sein? Warten Sie also nicht so lange, bis Ihr »innerer Dampfkessel« dem Überdruck nicht mehr standhalten kann; denn das führt über kurz oder lang zu einer »Explosion«. Lassen Sie Ihren »Gefühlsdampf« lieber schon ab, *bevor* Ihre Worte zwangsläufig einen gereizten Tonfall annehmen: »Ärgerst du mich jetzt bitte nicht weiter? Ich weiß nämlich nicht, wie lange ich noch ruhig bleiben kann . . .!«
Dieses ehrliche Bekenntnis signalisiert dem Kind, daß Sie kein Übermensch sind, der immer und überall seine Stärke demonstrieren muß, sondern durchaus Ihre Grenzen haben. Doch keine Sorge! Damit wird Ihre elterliche Auto-

rität* keinesfalls untergraben. Im Gegenteil: Das Kind fühlt sich nicht mehr in die Rolle des unterlegenen Befehlsempfängers gedrängt, sondern als gleichwertiger Partner angenommen. Es ist jetzt viel eher bereit, Sie Ihrerseits zu akzeptieren und Ihre Wünsche und Bedürfnisse zu berücksichtigen. Ein kleines Experiment kann Ihnen die Wirkung dieser Empfehlung bestätigen: Wenn Sie Ihrem Kind beispielsweise sagen, daß Sie sich nicht gut fühlen und Kopfschmerzen haben, dann wird selbst ein unruhiger »Quälgeist« Ihre augenblickliche Schwäche wahrscheinlich nicht ausnutzen, sondern Ihren Kummer zum Anlaß nehmen, Ihnen durch ein nettes Wort oder eine freundliche Geste seine eigentlich liebevollen Gefühle mitzuteilen.

d) »Jetzt fühle ich mich verstanden!«

Mit den Zuwendungen und Ablehnungen, die ein Kind während seiner Entwicklung erfährt, haben wir den Dreh- und Angelpunkt seiner gesamten Persönlichkeitsbildung – und damit auch seiner Ängste! – angesprochen. Denn der Wunsch, vom anderen angenommen zu werden, zieht sich wie ein roter Faden durch das Leben eines jeden Menschen. Viel zu schnell neigt man dazu, die entscheidende Bedeutung der Zuwendung falsch einzuschätzen, indem man mit einem flüchtigen Blick auf seine Erziehungshaltung zufrieden feststellt: »Unser Kind bekommt genug Liebe!« Wir wissen jetzt aber, daß man dabei meist all jene – scheinbar winzigen – Ablehnungen übersieht,

* Es ist zweifellos ein erstrebenswertes Ziel, Autorität (was unter anderem »Vorbild« oder »Würde« bedeutet) zu besitzen. Dagegen hat die Eigenschaft »autoritär« eine negative Bedeutung, nämlich: »Jemanden unterdrücken« oder »Jemandem seinen Willen aufzwingen«. Folglich kann man sagen: Wer Autorität ausstrahlt, hat es nicht nötig, autoritär zu sein!

die in der Summe nicht selten ein riesiges »Soll« ausmachen, wogegen auch ein ansehnliches »Haben« geradezu spärlich anmuten mag. Die Folge: Das Kind hat ständig Angst, von den Eltern abgelehnt zu werden und überträgt im Laufe der Zeit diese Erwartungshaltung auch auf andere Menschen, ja auf seine gesamte Umwelt. Vor diesem Hintergrund erscheint die verwirrende Vielfalt kindlicher Verhaltensauffälligkeiten in einem viel klareren Licht, nämlich überwiegend als mehr oder weniger verzweifelter Versuch des Kindes, das Defizit seines »Erziehungskontos« auszugleichen. Diese Bemühungen können wir leicht nachvollziehen, wenn wir uns vergegenwärtigen, daß jedes »Haben« eigentlich eine verfeinerte Variante des frühkindlichen Geborgenheitsgefühls darstellt und jedes »Soll« letztlich untrennbar mit der Verlassenheits- und Trennungsangst verknüpft ist (»Wenn ich böse bin, kommen meine Eltern nie wieder!«). Sicher: Im Verhalten des Kindes erkennen wir neben der *Angst vor Ablehnung* vielfach auch Enttäuschung und Wut über die erlebten Zurechtweisungen oder Vernachlässigungen, indem es beispielsweise trotzig, vielleicht auch boshaft reagiert oder in den »passiven Widerstand« tritt: Es will um keinen Preis essen, aufräumen, sich beeilen oder ins Bett gehen!* Doch obwohl es auf diese Weise eigentlich weitere Ablehnungen provoziert, entdecken wir auch hinter solchen aggressiven oder widerspenstigen Reaktionen den unbändigen Wunsch nach Zuwendung oder zumindest Beachtung – selbst auf die Gefahr hin, daß sie mit ärgerlichen Worten und einem bösen Gesicht erfolgt. Daran sehen wir: Nicht nur bei den

* Dabei sucht sich das Kind in der Regel die »Schwachstellen« seiner Eltern heraus, um sie besonders empfindlich zu treffen.

offensichtlich ängstlichen, sondern auch bei den aggressiven oder »bockigen« Kindern, beim Stotterer oder beim Bettnässer, kann man als Grundmotiv ihrer Auffälligkeit fast immer eine tiefe Angst vor Ablehnung voraussetzen. *Welches* Symptom diese Angst beim Kind schließlich hervorrufen wird, läßt sich jedoch nie vorhersagen, sondern hängt von seiner Persönlichkeit, seiner ganz individuellen Entwicklung und der besonderen Situation in seiner Familie ab. Bevor Sie sich also Gedanken darüber machen, ob die Ängste Ihres Kindes – in welcher Verhaltensauffälligkeit sie auch zum Ausdruck kommen mögen – vielleicht auf einen Krankenhausaufenthalt oder auf ein unangenehmes Erlebnis im Kindergarten, auf die Schule oder auf andere Umstände außerhalb des Elternhauses (die sich ohnehin weitgehend Ihrem Einfluß entziehen!) zurückzuführen sind, sollten Sie zunächst in Ihrer Erziehungshaltung »Inventur« machen. Prüfen Sie,

(1) wie oft Sie Ihr Kind überflüssigerweise einengen,
(2) ob Ihre Familienatmosphäre überwiegend entspannt ist,
(3) ob Ihr »Bankkonto« der Erziehung nicht im »Soll« steht und
(4) ob Sie sich wirklich darum bemühen, konsequent zu sein, Ihre Gefühle zu äußern und Schwächen zuzugeben!

Wenn Sie diese goldenen Regeln der Erziehung beherzigen, dann ist eigentlich die Basis zur Lebenstüchtigkeit Ihres Kindes geschaffen: Es wird jenes Gefühl empfinden, das für den Verlauf seines gesamten Lebens, für seine künftige Partnerschaft ebenso wie für den späteren Umgang mit seinen eigenen Kindern entscheidend ist: »Ich fühle mich verstanden!«

4. Gewissensangst

Sie liegen seit einer Stunde wach im Bett und können einfach keine Ruhe finden. Unzählige Gedanken jagen Ihnen durch den Kopf und kehren in bestimmten Abständen immer wieder, als drehe sich Ihr gesamtes Bewußtsein wie ein riesiges Karussell: »Hätte ich doch nicht . . .!« und »Ich sollte . . .!« Vorwürfe und Aufforderungen nehmen von Ihrer Gedankenwelt Besitz und klingen so plastisch, als würden sie von einer unsichtbaren Stimme in Ihr Ohr geflüstert. Sie wälzen sich unruhig hin und her. Ihr Körper ist in Aufruhr, Sie erleben einen unangenehmen inneren Spannungszustand – Sie haben Angst! Doch dieser Angst können Sie nicht entfliehen, sie würde Sie überall hin verfolgen. Es ist nämlich keine äußere Bedrohung vorhanden, sondern Ihr Unbehagen kommt aus Ihrem tiefsten Innern. Sie haben Schuldgefühle oder wie man auch sagt: *Gewissensangst*.

Wie entstehen diese äußerst unangenehmen Gefühle und

diese bedrohlichen Gedanken, die man zuweilen als innere Stimme wahrzunehmen glaubt? Beobachten wir einmal die zweijährige Stefanie: Sie macht sich mit Begeisterung an der Stereoanlage des Vaters zu schaffen, bis ihre Mutter sie bittet, die Geräte nicht anzufassen. Nach einiger Zeit sitzt Stefanie aber wieder vor dem anregenden technischen Spielzeug. Diesmal hat sie eine Puppe mitgebracht, deren Hand sie an den Schaltknöpfen der Anlage entlangführt. Als ihre Mutter erneut hereinkommt, sagt Stefanie zu ihrer Puppe: »Nicht anfassen!« und geht schnell wieder zurück ins Kinderzimmer. Ähnlichen Szenen begegnet man häufig dort, wo Kinder mit Puppen oder Stofftieren in ein Rollenspiel vertieft sind: Mit erhobenem Zeigefinger, mit liebevollen oder harten Worten tun sie ihren Puppenkindern kund, was sie für richtig oder falsch, für gut oder böse halten. Ja, zuweilen hört man sogar Kinder mit sich selber reden (»Nicht tun!«, »Darf aber nicht!« oder »Du, du, du!«), wenn sie etwas tun, wovon sie oft genug gehört haben, daß es nicht erwünscht ist. In all diesen Situationen schlüpft das Kind in die Rolle seiner Eltern und benutzt dabei nicht selten genau deren Worte und Gesten. Die elterlichen Forderungen (»Du sollst . . .!«) und Vorwürfe (»Warum hast du . . .!«) werden vom Kind offenbar erst einmal spielerisch »nachgeplappert«, dringen dann aber immer tiefer in sein Bewußtsein ein, bis sie schließlich sein Verhalten ganz automatisch kontrollieren. Während die Eltern zunächst noch zugegen sein müssen, um ihr Kind durch entsprechende Hinweise (und durch Vorleben ihres eigenen Verhaltens!) nach ihren Vorstellungen zu lenken und zu formen, werden diese *Regeln* und *Normen* allmählich zum *inneren Maßstab* des gesamten kindlichen Handelns: Immer und überall meldet sich nunmehr – auch ohne Anwesenheit der Eltern – sein »innerer Polizist«, den man gewöhnlich *Gewissen* oder auch *Über-Ich* nennt, um jeden »Fehltritt« durch unangenehme Gefühle zu ahnden.

Hätte der Mensch kein Gewissen, so würde er hemmungslos all seinen Triebimpulsen erliegen und nie dazu fähig sein, in Gemeinschaft zu leben. Folglich ist die Weitergabe gesellschaftlich anerkannter Normen an das Kind die vordringliche Aufgabe jeder Erziehung. Dazu gehören die Tischmanieren ebenso wie allgemeine Moralvorstellungen: Wer in unserem Kulturkreis sein Mittagessen mit bloßen Fingern zu sich nimmt oder unbekleidet über die Straße geht, der wird verständlicherweise schief angesehen, ausgelacht oder gar angefeindet. Was bei uns jedoch verpönt ist, das mag in anderen Kulturkreisen akzeptiert oder gar erwünscht sein. Die allgemein anerkannten Verhaltensweisen unterscheiden sich also von Kultur zu Kultur erheblich. Aber nicht nur dort, sondern auch von Familie zu Familie gibt es große Unterschiede in den Auffassungen von dem, was anzuerkennen oder abzulehnen ist. Die gleiche »schöpferische« Unordnung beispielsweise, die von manchen Eltern toleriert wird, mag in anderen Familien Anlaß für ständige Streitereien sein. Wir sehen: Die sogenannten Kulturgüter sind lediglich eine *allgemeine* Grundlage, aus der sich die *ganz persönlichen* Maßstäbe der Eltern entwikkeln. Je enger und kleinlicher nun ihre Lebenseinstellung ist und je unnachgiebiger und unerbittlicher sie ihre Vorstellungen von Ordnung und Moral durchzusetzen versuchen (je mehr sie also im »Soll« stehen!), desto stärker und strenger wird das Gewissen ihrer Kinder klopfen, um auf jeden Verstoß gegen das, »was man tut und läßt«, hinzuweisen. Ein Kind, das von seiner Mutter etwa 40000 mal »Nicht!« oder »Laß das!« gehört hat – wir sahen es am Beispiel des fünfjährigen Dirk –, wird bald kaum noch einen Handgriff tun können, ohne ein ständiges inneres »Nicht!« zu hören. Und einem Kind, das sich jahrelang abgelehnt fühlte, dessen »Erziehungskonto« also durchweg im »Soll« stand, mag die innere Stimme immer wieder zuflüstern: »Du bist nichts wert!« Die Eltern sollten demnach niemals vergessen, daß all jene Ängste, die durch solche Erfahrungen und Ablehnungen bei ihrem Kind erzeugt werden, ein Leben lang in seinem Gedächtnis haften bleiben und bei jedem »Fehltritt« und jeder »Unterlassungssünde« als Gewissensangst wieder zutage treten können. Natürlich erzeugen häufige Ermahnungen und Strafen der Eltern beim Kind nicht nur Angst, sondern auch Ärger, Wut oder gar Haß. Aber diese Empfindungen sind weniger eine innere Befreiung, sondern eher ein »Bumerang«: Da sie gegen die verinnerlichten Normen des Kindes verstoßen (»Du darfst nicht böse über deine Eltern denken!«), verstärken sie noch seine Schuldgefühle.

Dennoch ist ein schlechtes Gewissen keine überflüssige oder gar schädliche Einrichtung! Im Gegenteil: In günstiger Dosierung wirkt es einerseits wie ein Motor, der den Menschen zu vielen sinnvollen Tätigkeiten aktiviert, andererseits wie eine Bremse, die ihn vor Bosheiten und moralischen Entgleisungen bewahrt. Nur: Wo das Gewissen seine gesunde »Antriebs- und Lotsenfunktion« überschreitet, da entartet es zur Geißel der Menschen! Dem Gefühlsgehemmten beispielsweise verbietet es jegliche sichtbare emotionale Regung, und den Arbeitswütigen stellt es unter den immerwährenden *Zwang*, sein Leben ausschließlich mit »sinnvollen« Tätigkeiten auszufüllen (was nicht selten in der Partnerschaft oder Familie zum Fiasko wird). Dem

Menschen mit Depressionen hat es schon tausendfach eingeflüstert, er tauge »sowieso nichts«, so daß er sich immer weiter in sein Schneckenhaus verkriecht oder gar Selbstmord begeht. Den Ordnungsfanatiker schließlich läßt es nur dann ruhig schlafen, wenn alle Bleistifte auf seinem Schreibtisch in Reih' und Glied liegen und keine noch so winzige Fluse seinen wohlgepflegten Teppichboden verunziert. »Du darfst nicht . . .!« und »Du mußt . . .!« – diese ständig ausgesprochenen Unterdrückungen und Befehle können einen Menschen zur Marionette seines Gewissens machen.* Denn solange er seiner inneren Stimme gehorcht, bleibt er ja von der unangenehmen Gewissensangst verschont. Nur so läßt es sich erklären, daß es Menschen gibt, die jede Lebensfreude – und sei es bloß ein beherztes Lachen! – strikt ablehnen oder die in geradezu absurder Sinnlosigkeit einem Ordnungs-, Sauberkeits- oder Arbeitszwang unterliegen, der jede freie Persönlichkeitsentfaltung von vornherein lahmlegt. Im Gespräch mit »grundlos« ängstlichen, depressiven, unausgeglichenen und zwanghaften Menschen wird immer wieder offenkundig, daß ihre Lebens- und Existenzangst eigentlich *»Gewissensangst«* genannt werden müßte (vgl. S. 48: Zitat von *Sören Kierkegaard*).

Gerade weil der Mensch von der Gewissensangst so nachhaltig geplagt wird, hat er eine Reihe von Strategien entwickelt, um mit ihr in halbwegs erträglicher Weise umzugehen oder sie so gut wie möglich abzuwehren: Er mag sich

---

* Erinnern wir uns an die zwölfjährige Birgit, die bislang mehr als 150000 Ablehnungen durch ihre Mutter erfahren hat. Wenn man davon ausgeht, daß sie bis zu ihrem 18. Lebensjahr in ihrem Elternhaus bleibt, kann sie zu Beginn ihrer Volljährigkeit auf ein eigentlich unvorstellbares »Soll« von etwa 250000 Ermahnungen zurückblicken!

zum Beispiel der Stimme seines Gewissens kritiklos unterwerfen und all ihren Forderungen nachkommen. Das kann man gelegentlich bei jungen Leuten beobachten, die in ihrer Kleidung und Wohnungseinrichtung, in ihrer Lebensweise und moralischen Überzeugung so auffällig vernünftig und erwachsen, ja geradezu »alt« wirken, daß man sie unwillkürlich in die »ältere Generation« einordnen möchte. Offenbar haben sie sich den Erwartungen ihrer Eltern vollständig angepaßt, so daß sie kaum noch in Verlegenheit geraten dürften, von übermäßiger Gewissensangst gequält zu werden. Umgekehrt kann der Versuch mancher Eltern, ihr Kind »nach ihrem Bilde« zu formen, gründlich fehlschlagen. Viele Kinder und Jugendliche verdrängen nämlich ihre Gewissensängste, anstatt sich ihnen zu beugen. Und so versuchen sie, mit stillen bis unüberhörbaren Protesten, in trotzigem Aufbegehren, das sich zuweilen bis zur Gewissenlosigkeit (und das kann auch Kriminalität bedeuten!) zuspitzt, ihre inneren Zwänge zu durchbrechen.

Doch nicht nur die Kinder, sondern auch die Eltern bemühen sich darum, ihre Gewissensängste abzuwehren. Das macht sich zum Beispiel gelegentlich in Erziehungsberatungsgesprächen bemerkbar, wenn den Eltern neue Verhaltensmöglichkeiten aufgezeigt werden. Mit äußerster Anstrengung wehren sie sich dann gegen jeden Ratschlag: »Für Außenstehende ist es ja einfach, weise Ratschläge zu geben!« Ihren Widerstand können wir jetzt mühelos nachvollziehen: Einerseits stehen diese Eltern unter dem starken inneren Zwang, ihre in der eigenen Kindheit geprägten Ordnungs- und Moralvorstellungen bei ihrem Kind durchzusetzen, andererseits erfahren sie aber nun, daß ihre Erziehungshaltung am Problem des Kindes mitbeteiligt ist.

Wie sollen sie da reagieren? Wenn sie dem Berater glauben, dann müßten sie sich selbst (für sie unverzeihliches!) Versagen eingestehen, was natürlich sofort zu Gewissensbissen führen würde. Gleichzeitig wären sie gezwungen, ihre inneren Zwänge zu lockern, was – wie wir wissen – ebenfalls den unverzüglichen Protest des Gewissens hervorrufen würde (»Du sollst . . .!«). Um einem solchen Dilemma zu entkommen, setzt der Mensch gern seine angeblich unbestechliche Vernunft ein – er *rationalisiert*, wie man sagt: Die Berater »sind sowieso praxisferne Theoretiker« und die moderne Psychologie »liegt mit ihrer Auffassung von Erziehung ohnehin schief«. Im übrigen – so argumentiert man weiter – ist das ganze gesellschaftliche Leben und überhaupt die heutige Zeit dermaßen schlecht, daß es kein Wunder ist, wenn die Kinder Verhaltensstörungen bekommen. Gründe genug wird man immer finden, um den plausiblen Erklärungen des Beraters zu widersprechen. Auf diese Weise kann man sein (zwanghaftes) Verhalten beibehalten und muß sich nicht obendrein noch den Vorwurf machen, in der Erziehung versagt zu haben.
Sicher: Vielen Eltern gelingt es, sich beim Umgang mit ihren Kindern weitgehend von den Zwängen der eigenen Kindheit zu lösen. Dennoch können sich auch die aufgeschlossenen und kritikfähigen unter ihnen manchmal dabei ertappen, wie sie gerade jenes Erziehungsverhalten praktizieren, unter dem sie als Kind selber gelitten haben. Der Schwur: »So würde ich nie mit meinem Kind umgehen . . .!« ist in solchen Fällen durch die starke Macht der von den eigenen Eltern übernommenen Normen außer Kraft gesetzt worden. Schon aus diesem Grunde sollten die Eltern den Kopf nicht in den Sand stecken und jeden

Appell an eine partnerschaftliche Erziehungshaltung beiseite schieben. Der Erfolg dieser »Vogel-Strauß-Politik« ist nämlich äußerst trügerisch: Ihre Gewissensangst scheint – oberflächlich betrachtet – zwar besänftigt, aber anstatt sich frei zu fühlen, spüren die Eltern weiterhin eine nervenaufreibende Spannung im Verhältnis zu ihrem Kind, das nun seinerseits ein zu strenges oder gar unerbittliches Gewissen ausbildet. Und hierdurch kann die Persönlichkeitsentfaltung des jungen Menschen empfindlich gestört und sein gesamtes Leben – und damit wiederum auch die spätere Erziehung seiner eigenen Kinder – nachhaltig beeinflußt werden.

5. Angst vor Mißerfolg

Bei diesem Stichwort denken Sie wahrscheinlich spontan an Klassenarbeiten, Zeugnisse und an ängstliche Kinder, die den Leistungsanforderungen der Schule nicht gewach-

sen sind. Und in der Tat gibt es ein Heer von Schulversagern, die nicht etwa wegen mangelnder Intelligenz, sondern aus Angst vor Mißerfolg das Klassenziel verfehlen. Lehrer wie Eltern sind oft gleichermaßen ratlos, wenn es darum geht, den schulgestreßten Kindern aus der Misere zu helfen: In vielen Fällen bleiben nämlich alle Bemühungen fruchtlos, ja anstatt besser werden die Schulleistungen oftmals immer schlechter – vor allem dann, wenn es nicht gelingt, die Ursachen des Problems herauszufinden. So sollten wir zunächst die Hintergründe der Leistungsangst beleuchten und dann fragen, wie man sie bei seinem Kind feststellen kann, und schließlich Möglichkeiten ihrer Überwindung suchen.

a) Wie entsteht Mißerfolgsangst?

Der dreizehnjährige Gymnasiast Christian gehört zu jenen Schülern, die trotz intensiven Nachhilfeunterrichts die Klasse wiederholen müssen. Aber auch der zweite Anlauf scheint zu mißlingen: In Englisch und Mathematik sind seine Leistungen nach wie vor »mangelhaft«. Und nun zweifeln seine Eltern daran, ob er überhaupt für das Gymnasium geeignet ist. Eine psychologische Untersuchung soll diese Frage klären helfen. Doch alle durchgeführten Tests bestätigen, daß Christian über eine hohe Intelligenz verfügt. »Also ist er doch nicht überfordert«, meint sein Vater, »wir haben ja schon immer gesagt, daß er nicht dumm ist!« Und die Mutter ergänzt: »Seine Schule hat aber auch einen denkbar schlechten Ruf. Christian kommt mit seinen Lehrern überhaupt nicht zurecht. Vor dem Mathematiklehrer zum Beispiel zittert die ganze Klasse, weil er die Schüler dauernd anschreit.« Natürlich kann man nicht von der Hand weisen, daß es Lehrer gibt, deren pädagogisches Geschick dem Abbau von Leistungsängsten nicht gerade dienlich ist. Zuweilen hört man auch von Schulen, an denen dieser Lehrertyp in einer größeren Anzahl anzutreffen sein soll. Sicherlich können »schlimme« Lehrer und gehässige Mitschüler die Schulangst und -unlust eines Kindes steigern, doch bei der psychologischen Untersuchung mißerfolgsängstlicher Kinder stellt sich fast immer heraus, daß die wesentlichen Ursachen für ihre Lernschwierigkeiten ganz woanders liegen. Es ist aber gar nicht so einfach, diesen Gründen auf die Spur zu kommen. Mit Christian und seinen Eltern waren mehrere Gespräche notwendig, um den »Kern« seines Schulversagens freizulegen. Zunächst schien es nämlich so, als gäbe es zwischen Eltern und Kind keinerlei Unstimmigkeiten; ebensowenig ließen sich in dieser Familie übertriebene Leistungsforderungen vermuten: »Wir sind doch schon froh, wenn Christian halbwegs mitkommt«, versichert sein Vater, »wir haben nie Druck auf ihn ausgeübt.« Ein Test hingegen, der die Phantasie des Jungen anspricht, widerlegt diese gewiß ehrlich gemeinte Selbsteinschätzung des Vaters: Christian wird gebeten, unvollständige Sätze einer Geschichte zu Ende zu bringen, die – so die Testanweisung – »von einem Jungen« handelt. Der psychologische Hintergrund dieser indirekten Befragung ist ganz einfach zu verstehen: In der Regel versetzen sich die Kinder in die Rolle des anonymen »Hauptdarstellers« und geben auf diese Weise viel mehr von ihren Gedanken preis, als sie im unmittelbaren Gespräch erzählen würden. Auch Christian verspürt gar keine Gewissenskonflikte mehr, als er die scheinbar unverfänglichen Sätze ergänzt:

Der Junge wünscht sich . . .	». . . daß er in der Schule besser wäre.«
Als er eine Klassenarbeit schrieb, . . .	». . . war er ganz aufgeregt.«
Am meisten Angst hatte er . . .	». . . vor seinem Vater.«
Warum?	»Weil er immer schimpfte, wenn der Junge schlechte Arbeiten schrieb.«
Als der Junge eine »3« schrieb, . . .	». . . sagte der Vater: »Du mußt besser werden!««
Und was sagte seine Mutter?	»Du mußt mehr üben!«
Sein Vater war zufrieden, als . . .	». . . der Junge nur noch sehr gute Arbeiten schrieb.«

Dies ist nur ein kleiner Ausschnitt aus einem Katalog von mehr als vierzig Satzanfängen und -ergänzungen, die fast durchweg den ungeheuren Leistungsdruck widerspiegeln, unter dem Christian schon immer gestanden hat: Wirklich akzeptiert fühlt er sich nur, wenn er »sehr gut«, also perfekt ist! Dieses Testergebnis stimmt seine Eltern nachdenklich, und sie räumen ein, daß sie »dann und wann« tatsächlich solche Bemerkungen gemacht hätten – ohne jedoch zu ahnen, daß Christian darunter leiden könnte. »Wir haben es doch nur gut gemeint!« versichert die Mutter, und der Vater ergänzt: »Sehen Sie, man muß doch heutzutage einen vernünftigen Schulabschluß haben, um überhaupt noch eine Berufsausbildung machen zu können. Wer in der Schule nichts bringt, steht doch später auf der Straße!«
Dieses Argument wird von fast allen Eltern vorgebracht, wenn man das Thema »Mißerfolgsangst« und »Leistungsdruck« anspricht. Gewiß ist es verständlich, wenn sich die Eltern im Zeitalter des Numerus clausus und wachsender

Arbeitslosigkeit große Sorgen machen. Doch hinter den Leistungsforderungen der Eltern verbergen sich meist viel kompliziertere (unbewußte) Motive als bloße Sorgen um die Zukunft – besonders wenn ein Kind mit aller Gewalt zu Höchstleistungen und – wenn irgend möglich – zur weiterführenden Schule getrieben wird:

(1) Die eigene (verdrängte) Angst vor Mißerfolg, die durch das Kind wieder wachgerufen wird.
(2) Unerfüllte *Wünsche*, die das Kind – sozusagen als »Stellvertreter« – erfüllen soll (»Mein Kind soll es mal besser haben als ich!«).
(3) Ein starker innerer *Zwang* zur Perfektion, der ebenfalls in Form von Leistungsdruck auf das Kind übertragen wird.

Diese Triebfedern elterlicher Forderungen können in mehr oder weniger starker Ausprägung auch *gleichzeitig* wirksam sein, so daß sich die tatsächlichen Ursachen mancher Leistungsangst bei oberflächlicher Betrachtung kaum eindeutig feststellen lassen. Auch in den »gemischten Gefühlen«, die ein mißerfolgsängstliches Kind empfindet, entdecken wir ganz unterschiedliche Befürchtungen wie: Angst vor Ablehnung oder Strafe; Angst, den Eltern mit schlechten Leistungen weh zu tun oder die Angst, dem *eigenen Anspruch* nicht zu genügen. Hinter diesem inneren Gütemaßstab verbirgt sich das Gewissen des Kindes (»Du sollst Leistung bringen!«) – obwohl viele Eltern nicht wahrhaben wollen, daß sie es waren, die den übertriebenen Ehrgeiz ihres Kindes in Gang gebracht haben. So ist letztlich die Gewissensangst dafür verantwortlich, wenn insbesondere ältere Schüler oder Studenten ganz ohne den direkten Einfluß ihrer Eltern unter einem scheinbar unerklärlichen inneren Leistungszwang stehen. Die von den Eltern jahrelang gestellten hohen Leistungserwartungen* haben schließlich das (zwanghafte) Selbstverständnis des jungen Menschen geprägt. Seine »innere Stimme« flüstert ihm ständig zu: »Du bist nur dann etwas wert, wenn du etwas leistest!« Erst einmal erwachsen geworden, ist er schließlich kaum noch in der Lage, seine eigenen Leistungszwänge wahrzunehmen oder einzuräumen, als Kind Leistungsdruck erlebt zu haben. Und damit schließt sich der Teufelskreis: Nun übt er auf seine Umgebung (also auch auf das eigene Kind) Leistungsdruck aus, ohne sich dessen bewußt zu sein. Diese Verdrängungsvorgänge sind zuweilen so stark, daß sie einen Menschen bis zur Selbstverleugnung bringen können, wie folgender Fall demonstriert:

Eine Mutter erscheint in der Beratungsstelle, da ihre achtjährige Tochter Schulschwierigkeiten hat. »Iris macht so viele Flüchtigkeitsfehler«, erklärt sie und fährt freimütig fort: »Und deshalb bekommt sie oft nur eine ›3‹ im Diktat.« Bereits diese kurze Schilderung legt den Verdacht nahe, daß die Mutter selber unter einem starken Leistungszwang steht. Im weiteren Gespräch zeigt sich dann auch, daß ihr gesamter Alltag von Zwängen durchsetzt ist: »Was ich mache, muß hundertprozentig sein!« Da sie unter einer sichtbaren körperlichen Spannung, unter erhöhtem Blutdruck und Schlafstörungen leidet, entschließt sie sich zu einer Entspannungsbehandlung. Darüber hinaus ist sie zu einer *Altersregression* in *Hypnose* (vgl. S. 105) bereit, um den Gründen ihrer Zwanghaftigkeit auf die Spur zu kom-

---

* Diese Erwartungen der Eltern setzen in der Regel schon *vor* der Schulzeit des Kindes ein. Auch die Reinlichkeit, das Zubinden der Schuhe oder das Aufräumen sind Leistungen! Werden sie zu streng gefordert, kann das Kind bereits in den ersten Lebensjahren Mißerfolgsangst entwickeln.

men. Denn die Frage, ob sie als Kind selbst unter Leistungsdruck gestanden habe, verneint sie entschieden: »Ich kenne doch meine Eltern! So etwas ist bei ihnen völlig unmöglich gewesen!« In hypnotischer Entspannung wird nun die »Reise« in ihre Vergangenheit angetreten:

». . . jetzt bist du dreizehn Jahre alt, zwölf, zehn, acht . . . acht Jahre bist du alt, du bist im dritten Schuljahr. Du schreibst ein Diktat, was denkst du?«
»Hoffentlich wird es gut.«
»Welche Zensur wünschst du dir?«
»Eine ›1‹!«
». . . und nun ist ein Tag vergangen. Du bekommst die Klassenarbeit zurück. Welche Zensur hast du?«
»Nur eine ›3‹!«
»Warum hast du nur eine ›3‹?«
»Habe Fehler gemacht, habe ›jetzt‹ ohne ›tz‹ geschrieben . . .«
»Und was denkst du nun?«
»Da wird die Mutti aber schimpfen!«

Nach der »Rückreise« in die Gegenwart scheint dieser faszinierende Beweis eines verdrängten Leistungsdrucks sogleich zunichte gemacht zu werden: »Ich habe alles gehört, was ich gesagt habe«, versichert die Klientin, »ich war gar nicht in Hypnose. Und damit Sie es wissen: Was ich gesagt habe, stimmt gar nicht. Meine Mutter hat nie wegen der Schule geschimpft.«
»Aber warum haben Sie es dann erzählt?«
»Das kann ich Ihnen auch nicht sagen . . .!«
Wie läßt sich dieser merkwürdige Widerspruch erklären? Wir erinnern uns, daß der größere Teil hypnotisierter Menschen bei vollem Bewußtsein bleibt. Aber auch in dem angenehmen Entspannungszustand der leichten Hypnose öffnet sich die Tür zum Unbewußten einen Spalt breit, und es werden auch solche Erinnerungen ausgesprochen, die

man normalerweise »streng unter Verschluß« hält. Doch das Gewissen, diese ungeheure Macht, läßt es oftmals nicht zu, die eigene Mutter als »schimpfend« darzustellen. Und so bleibt der Klientin nichts anderes übrig, als ihre eigenen Worte ohne plausiblen Grund zu widerrufen und sich somit selbst zu verleugnen. Kann es aber nicht sein, daß sie sich während der Entspannung in die Situation ihrer Tochter hineinversetzt hat? Vielleicht spiegelt das Gespräch mit ihr keine Erinnerung, sondern eine Art Rollenspiel wider? Diese Frage müßte offenbleiben, wenn jene Frau nicht zwei Tage später in der Beratungsstelle angerufen hätte. »Das hat mir keine Ruhe gelassen! Ich habe heute mit meinem älteren Bruder gesprochen, und stellen Sie sich vor: Er hat mir bestätigt, daß ich früher tatsächlich von meiner Mutter dauernd wegen meiner Klassenarbeiten ausgeschimpft worden bin!« Hier hat offenbar der Drang zur Klarheit über sich selbst die Verdrängung besiegt und die eigene Gewissensangst bewußt gemacht.

So vielschichtig die Ursachen des Leistungszwangs auch sein mögen – im Erziehungsverhalten der Eltern äußert er sich in ganz typischer Weise: in wenig einfühlsamen, weinerlich-vorwurfsvollen, fordernden oder drohenden Appellen an die Leistungsbereitschaft des Kindes. Und damit können wir die *sichtbare* Ursache der kindlichen Mißerfolgsangst oder besser: das letzte Glied in einer langen Ursachenkette auf einen verblüffend einfachen Nenner bringen: Im Leistungsbereich des Kindes steht das »Erziehungskonto« der Eltern im »Soll«!

b) Wie erkennt man Mißerfolgsangst?

Manchen Kindern ist die Angst vor Mißerfolgen deutlich anzusehen: Sobald eine Klassenarbeit bevorsteht, werden sie ganz aufgeregt, leiden nicht selten unter Appetitlosigkeit und Schlafstörungen oder klagen sogar über Bauch- oder Kopfschmerzen. Während der Klassenarbeit wirken sie oft unruhig und fahrig, halten ihren Füllfederhalter verkrampft oder zitternd in der Hand – und machen vieles von dem falsch, was sie kurz zuvor noch ganz sicher wußten. Man spricht in diesem Fall von »Flüchtigkeitsfehlern«, obwohl die Gedanken des Kindes gar nicht flüchtig sind; denn es ist ja ganz besonders darum bemüht, alles richtig zu machen.*

Diese *offensichtlichen* Mißerfolgsängste, die oftmals zu einem totalen Schulversagen führen, sind jedoch nur die Spitze eines riesigen Eisbergs! Psychologische Untersuchungen bestätigen immer wieder, daß viel mehr Kinder in der Schule wegen eines übermäßigen Leistungsdrucks (und nicht etwa wegen mangelnder Intelligenz) versagen, als landläufig angenommen wird. Der scheinbar gleichgültige Schüler zum Beispiel, der seinen Eltern lächelnd (oder gar »stolz«) eine »verbaute« Klassenarbeit präsentiert, ist gewiß nicht sorglos. Mit dieser saloppen Geste versucht er nur, seine Bestürzung über den Mißerfolg zu überspielen. Auch jene Schüler, die äußerlich völlig ruhig wirken und – wie es scheint – keinerlei Symptome der Angst erkennen lassen, können dennoch unter einer starken inneren Spannung stehen. Vielleicht sind es nur ihre feuchten Hände, die uns ein feines Indiz für ihre Ängstlichkeit liefern.

---

* Über das Problem solcher *Konzentrationsstörungen* und ihre Auswirkungen auf die *Rechtschreibung* des Kindes können Sie sich in folgendem Buch ausführlich informieren: *Stein, A.:* Das Rechtschreibspiel. Fehler verstehen und beseitigen. München 1981.

Darüber hinaus erfahren die Kinder (insbesondere die Jungen, die ja tapfer zu sein haben!) von ihren Eltern allzuoft, daß es sich nicht gehört, seine Angst zu zeigen: Sie zuzugeben, bedeutet nämlich Schwäche zeigen, und wer will das schon? So sind die Kinder (aber auch viele Eltern) häufig gar nicht in der Lage, ihren inneren Spannungszustand als Angst zu deuten oder ein tatsächlich erlebtes Gefühl der Angst der Umwelt mitzuteilen. Folglich wird die Frage: »Hast du Angst vor Klassenarbeiten?« von vielen Kindern spontan verneint, obwohl es in ihrem Innern ganz anders aussieht. Und die Eltern bestätigen gern die Tapferkeit ihres Kindes: »Angst vor der Schule? Die kennt unser Kind nicht.«

Tragen wir deshalb eine Reihe von Indizien zusammen, die oftmals untrügliche Zeichen für kindliche Mißerfolgsängste sind:

(1) Das Kind leidet bereits am Vortag einer Klassenarbeit unter Appetitlosigkeit oder Schlafstörungen.
(2) Am Morgen vor der Klassenarbeit klagt das Kind über Kopf- oder Bauchschmerzen (auch Erbrechen ist möglich!) oder bekommt ganz plötzlich Fieber.
(3) Im Klassenarbeitsheft ist die Handschrift des Kindes schlechter (»zittriger«) als normalerweise.
(4) In der Klassenarbeit werden deutlich mehr »Flüchtigkeitsfehler« als in den Hausarbeiten gemacht.
(5) Das Kind »vergißt«, eine schlechte Klassenarbeit zu Hause vorzuzeigen.

Wenn nur *eine* dieser Beobachtungen auf Ihr Kind zutrifft, dann sollten Sie *unbedingt* Ihre Erziehungshaltung – vornehmlich im Leistungsbereich – überprüfen! Selbst wenn Sie jetzt noch geneigt sind, im Brustton der Überzeugung zu versichern: »An *mir* kann es nicht liegen, daß mein Kind mißerfolgsängstlich ist!«, mag Sie eine selbstkritische Analyse Ihrer Reaktionen auf schlechte Klassenarbeiten oder Ihrer ganz beiläufigen Bemerkungen (»Steck' deine Nase lieber ins Schulbuch!«) vom Gegenteil überzeugen.

Natürlich stehen vor allem jene Kinder im Brennpunkt des allgemeinen Interesses, deren Mißerfolgsangst ihren Schulerfolg ernstlich gefährdet. Dabei übersieht man aber eine große Anzahl von Kindern, die gut bis sehr gute Schulleistungen zeigen, und dennoch unter starken Mißerfolgsängsten leiden. Offenbar führt ein übermäßiger Leistungsdruck nicht zwangsläufig zu einer Beeinträchtigung des Schulerfolgs: Wenn ein Kind genügend seelische Widerstandskraft mitbringt, scheint es auch strenge Forderungen an seine Leistungsfähigkeit schadlos zu überstehen – zumindest, was seine Schulkarriere betrifft. Doch jeder starke Druck, dem ein Kind für längere Zeit ausgesetzt wird, hinterläßt unauslöschliche Spuren in seiner Persönlichkeit: So begegnet man mitunter Menschen, die trotz erfolgreicher Schul- und Berufsausbildung nie mit ihren Leistungen zufrieden sind. Auch ein solcher Zwang zur Höchstleistung ist ein untrügliches Indiz für Mißerfolgsangst – perfekt maskiert, muß man zugeben, wie uns das Beispiel der 34jährigen Klientin Marianne in beeindruckender Weise vor Augen führt: Sie sucht einen Psychologen auf, weil sie sich in ihrem Beruf als Lehrerin überfordert fühlt und mit ihrem Leben »nicht mehr zurechtkommt« – wie sie sagt. Obwohl sie jede Unterrichtsstunde gründlich vorbereitet, hat sie ständig das Gefühl, »nicht genug getan« zu haben. Ebenso ergeht es ihr in den drei Volkshochschulkursen, die sie leitet, sowie in ihrer Rolle als Vorsitzende eines kulturellen Vereins: Trotz intensiver Arbeit ist sie nie mit sich zufrieden. Dabei wird sie von ihrer Umwelt als besonders fähig und engagiert geschätzt. Auffällig ist, daß Marianne schon immer freiwillige Aufgaben und Ämter übernommen hat und sich damit ständig an die Grenze ihrer Leistungsfähigkeit brachte. Sie wehrt sich aber strikt dagegen, auch nur eine dieser Belastungen aufzugeben: »Damit beweise ich mir doch meine Unfähigkeit!«

»Haben Sie eigentlich als Kind unter Leistungsdruck gestanden?« versucht der Berater ihren Hang zum Perfektionismus aufzuklären. Sie verneint diese Vermutung entschieden: »Ich war von Anfang an eine sehr gute Schülerin, da hatten es meine Eltern gar nicht nötig, Druck auszuüben!«

Marianne ist bereit, mit Hilfe einer *Altersregression* Licht in ihre Probleme zu bringen. Es gelingt, sie in tiefe Hypnose zu versetzen und ihre Kindheit wieder aufleben zu lassen:

»Du bist jetzt neun Jahre alt und im vierten Schuljahr. Heute schreiben wir ein Diktat. Was denkst du dir dabei?«
»Hoffentlich mache ich keinen Fehler!«
»Hast du Angst?«
»Weiß nicht – ich kann gut Diktate schreiben!«

Nun wird Marianne gebeten, ihre Augen zu öffnen, um das Diktat zu schreiben. Dazu muß man wissen, daß Menschen in diesem Trancezustand ganz typische Verhaltensweisen jener Altersstufe zeigen, die ihnen durch die hypnotische Anweisung vorgegeben wird. Sogar die Handschrift macht die »Reise« in die Vergangenheit mit! Folglich zeigen sich im Diktat der 34jährigen Marianne die charakteristischen Schriftzüge einer Neunjährigen.

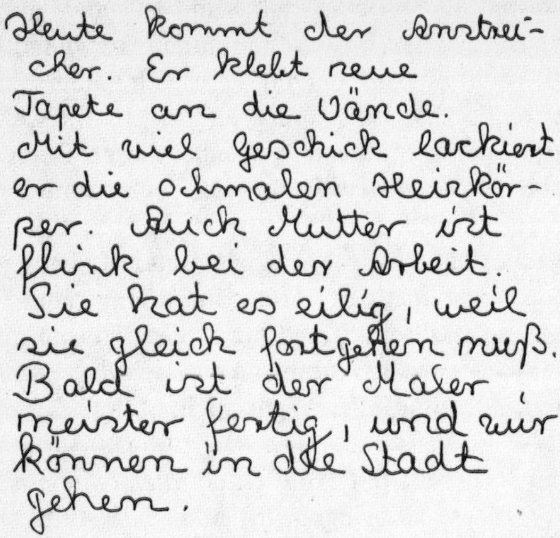

Dieses Diktat wurde von der 34jährigen Marianne in Tiefenhypnose geschrieben: »Du bist neun Jahre alt . . .!«

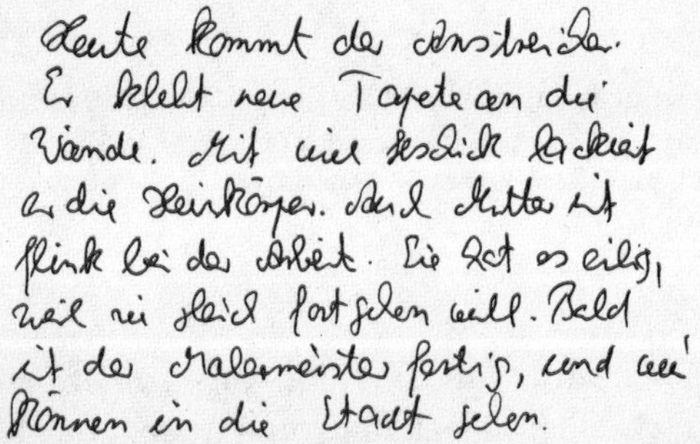

*Und so sieht ihr Schriftbild im Wachzustand aus.**

---

* Diese beiden Diktate wurden einer Reihe von Lehrern zur Beurteilung vorgelegt. Die meisten von ihnen ordneten die obere Handschrift einem neun- bis elfjährigen Kind zu und die untere einem Jugendlichen von fünfzehn bis siebzehn Jahren. Vermutlich haben die unverarbeiteten Kindheitserlebnisse der Klientin dazu beigetragen, daß ihre Handschrift noch keine wirklich erwachsenen Züge trägt.

Nach Beendigung der »Klassenarbeit« wird ihr das Ergebnis mitgeteilt:

»Du hast keinen Fehler gemacht. Freust du dich?«
»Weiß nicht . . .«
»Was wird dein Vater sagen?«
»Der kümmert sich nicht darum.«
»Und deine Mutter?«
»Die sagt: Dafür konntest du wohl selber nichts! Außerdem muß deine Handschrift besser werden!«
»Hat sie dich noch nie gelobt?«
»Nein – noch nie!«

So entpuppt sich der Perfektionismus eines erwachsenen Menschen als verzweifelter Versuch, (endlich) jene Zuwendung und Anerkennung zu bekommen, die ihm als Kind versagt blieben. Nur: Trotz ständiger Bestätigungen durch ihre Umwelt ist es Marianne nicht gelungen, die tief in ihrem Unbewußten verankerten kindlichen »Mangelerlebnisse« zu verarbeiten.

c) Überwindung der Mißerfolgsangst

Wenn Eltern ihr Kind unter Leistungsdruck stellen, dann schwingt in ihren Forderungen immer der Zweifel mit: »Ich weiß nicht, ob du es schaffst! Diese negative Erwartungshaltung wirkt oft wie ein schleichendes Gift: Das Kind zweifelt an sich selbst und liefert seinen Kritikern schließlich mit abfallenden Leistungen die Bestätigung, daß ihre Befürchtungen berechtigt waren. Deshalb heißt die wichtigste Waffe gegen Mißerfolgsangst:

(1) *Ermutigen Sie Ihr Kind!* Halten Sie ihm nicht ständig seine Fehler vor, sondern nutzen Sie die Kraft der positiven Gedanken: Freuen Sie sich über seine Lernfortschritte

– auch wenn sie noch so bescheiden sind! Selbst in einer »mangelhaften« Klassenarbeit gibt es doch vieles, was Ihr Kind richtig gemacht hat. Und beobachten Sie einmal sein Gesicht, wenn Sie ihm bei einem Mißerfolg Mut machen: Seine Augen beginnen zu leuchten und sein Gesicht hellt sich immer mehr auf! Ja, die gesamte kleine Persönlichkeit scheint aufzuleben und neue Hoffnung zu schöpfen. Und das ist die beste Voraussetzung, um der nächsten Klassenarbeit zuversichtlicher und ruhiger zu begegnen.
(2) Überprüfen Sie Ihr *Stimmungsbarometer* (vgl. S. 128)! Denn in einer gespannten Familienatmosphäre kann sich die Leistungsfähigkeit des Kindes nicht entfalten. Mancher Schüler, der unkonzentriert in seiner Schulbank sitzt, grübelt über diesen oder jenen Ärger nach, den er gerade noch zu Hause gehabt hat.
Achten Sie auch auf den Tonfall Ihrer Stimme, wenn Ihnen Ihr Sprößling eine »verbaute« Klassenarbeit präsentiert! Natürlich kann Ihnen niemand verdenken, wenn Sie darüber enttäuscht sind. Deshalb sollten Sie dem Kind Ihre Gedanken nicht verheimlichen (die man Ihnen ohnehin vom Gesicht ablesen kann). Wenn Sie aber sagen: »Du, das tut mir wirklich leid für dich. Ich bin sicher, daß du dir Mühe gegeben hast. Wir werden uns dein Arbeitsheft nachher ansehen und dann zusammen überlegen, wie wir dir weiterhelfen können«, dann spürt das Kind, daß es wegen seines Mißerfolgs nicht abgelehnt wird, die Eltern ihm aber auch keine falsche Freundlichkeit entgegenbringen.
(3) Überprüfen Sie – besonders im Leistungsbereich – Ihr *»Bankkonto« der Erziehung* (vgl. S. 133), und denken Sie daran: Vorwurfsvolle, fordernde oder strenge Worte, jede Drohung und jede Strafe können – vor allem bei sensiblen Kindern – die Mißerfolgsangst schlagartig erhöhen!

(4) Vermeiden Sie es, bei jeder Gelegenheit das Gesprächsthema »Schule« anzubringen und das Kind Tag für Tag an seine Pflichten zu erinnern (»Nimm deine Gedanken zusammen.«)! Denn auch mit diesen Ratschlägen teilen Sie dem Kind (indirekt) mit, daß Sie an seiner Leistungsfähigkeit zweifeln.
Bestürmen Sie Ihr Kind auch nicht mit Fragen wie: »Hast du dich am Unterricht beteiligt?« oder »Bist du auch nicht unangenehm aufgefallen?«, sobald es nach Hause kommt. Lassen Sie es in Ruhe zu Mittag essen und sprechen Sie dabei über erfreulichere Dinge! Sie werden sehen: Wenn Sie Ihr Kind nicht mit (besorgten) Fragen unter Druck setzen, wird es allmählich ganz von selbst von der Schule erzählen.
(5) Bevor Sie mit Ihrem Kind nach einer schlechten Klassenarbeit pausenlos üben, sollten Sie sich seine Fehler genau ansehen. Falls sein Arbeitsheft überwiegend »Flüchtigkeitsfehler« aufweist, würde jedes zusätzliche Üben seine Leistungen eher verschlechtern als verbessern. Denn warum soll man einen Stoff sinnlos pauken, den das Kind eigentlich beherrscht? Üben Sie also *nur* dann, wenn Ihr Kind *wirkliche* Lücken hat, und dehnen Sie die Übungszeiten nicht zu lange aus. Viermal 15 Minuten pro Woche sind viel wirkungsvoller als eine volle Arbeitsstunde.
Falls Ihr Kind Nachhilfestunden bekommt, sollten Sie diesen Zusatzunterricht – der ja eine zusätzliche Belastung darstellt – nicht als Dauereinrichtung betrachten (um möglicherweise Ihr Gewissen zu beruhigen). Lassen Sie die eventuellen Wissenslücken Ihres Kindes von einer *Fachkraft* möglichst präzise einschätzen und gezielt beheben. Denn nichts ist überflüssiger, ja schädlicher als ein unqualifizierter Nachhilfeunterricht: Das Kind macht keine Lernfortschritte, steht aber unter dem (Gewissens-)Zwang,

»mehr bringen« zu müssen, weil seinen Eltern ja erhebliche Kosten entstehen. Die Folge: Seine Mißerfolgsangst wird größer anstatt zu sinken!
Doch auch dann, wenn Sie all diese Empfehlungen beherzigen, kann es sein, daß Ihr Kind nach wie vor mißerfolgsängstlich bleibt. Besonders wenn es bereits das Grundschulalter überschritten hat, wächst die Wahrscheinlichkeit, daß es den über Jahre erlebten *Leistungsdruck* mittlerweile als selbst auferlegten *Leistungszwang* empfindet. Jetzt mögen die Eltern noch so einfühlsam reagieren – die Mißerfolgsangst des Kindes hat sich verselbständigt und bedarf nunmehr einer gezielten psychologischen *Therapie*. In diesem Fall sollten Sie sich nicht scheuen, eine Erziehungsberatungsstelle oder einen Psychologen aufzusuchen.

Teil C: Zwiegespräch mit der Angst

Wir haben nun die wesentlichen Ursachen der typischen Kindheitsängste sowie ihre Auswirkungen auf die weitere Entwicklung des Menschen kennengelernt und praktische Möglichkeiten aufgezeigt, mit ängstlichen Kindern in angemessener Weise umzugehen. Dabei ist deutlich geworden, daß die Angst keineswegs grundlos »über Nacht« entsteht, sondern in den meisten Fällen eine lange Vorgeschichte hat, die sich nicht selten bis zum »ersten Schrei« des Säuglings zurückverfolgen läßt. Auch wenn ihre Hinter-

gründe oftmals nur mit detektivischem Spürsinn aufgeklärt werden können, so hat die Angst, dieses rätselhafte »Schreckgespenst«, durch unsere intensive Ursachenforschung vielleicht doch etwas von ihrer Bedrohlichkeit verloren. Denn je vertrauter und durchsichtiger die »dunklen Mächte« unseres Lebens werden, desto unbefangener können wir mit ihnen umgehen. Halten wir jetzt Zwiesprache mit der Angst und versuchen wir herauszufinden, auf welche Weise sie unser Kind und uns selbst beeinflußt!

I. Welche Ängste hat mein Kind?

1. Ein kleiner Test läßt tief blicken

Vielleicht haben Sie ja schon einige Gründe dafür gefunden, warum Ihr Kind in bestimmten Situationen ängstlich reagiert. Es kann aber auch sein, daß unsere bisherigen Überlegungen gar nicht so recht auf Ihr Kind zutreffen wollten. Denn jeder Mensch ist ein einzigartiges Wesen – und genauso individuell sind seine Ängste. Versuchen Sie deshalb, mit folgendem Bildertest den ganz persönlichen – mehr oder weniger verborgenen – Ängsten Ihres Kindes auf die Spur zu kommen! Besonders interessant kann unser Test werden, wenn Sie ihn zunächst mit sich selbst durchführen und erst dann Ihrem Kind vorlegen. Wer weiß – vielleicht entdecken Sie beim Vergleich der Ergebnisse, daß Sie der Gefühlswelt Ihres Kindes viel näher stehen, als Sie bislang angenommen haben.
Nehmen Sie also ein Blatt Papier zur Hand und beantworten Sie die Fragen zu den folgenden Szenen ganz spontan, sozusagen mit »kindlicher Unbefangenheit«, bevor Sie im Text weiterlesen!

Dieses kleine Wesen, Angusti ist sein Name, liegt wach in seinem Bett.
Wie fühlt er sich?
Was mag ihm wohl durch den Kopf gehen?
Was würde er jetzt am liebsten tun? Und warum?

Hier ist er ganz wütend. Warum wohl?
Was sagt seine Mutter dazu?
Und sein Vater?
Er wäre ja wieder fröhlich, wenn . . .

Angusti hat sich ganz schmutzig gemacht und kommt nach Hause.
Was denkt er sich dabei?
Was sagt seine Mutter? Und was sagt sein Vater?
Wenn er sich wieder schmutzig macht, dann . . .

Er will sein Zimmer nicht aufräumen.
Warum nicht?
Was geschieht nun?
Er würde ja sein Zimmer aufräumen, wenn . . .

Weshalb hat Angusti keine Lust zu essen?
Darf er sein Essen stehen lassen?
Was sagt seine Mutter? Was sagt sein Vater?
Was wüde er jetzt am liebsten tun?

Hier will er noch nicht ins Bett. Was möchte er wohl?
Was meint seine Mutter dazu? Was sagt sein Vater?
Was würde Angusti daraufhin am liebsten zu seinen Eltern sagen?
Er würde viel lieber ins Bett gehen, wenn . . .

Angusti ist fröhlich, weil . . .
Er könnte immer so fröhlich sein, wenn . . .
Besonders traurig ist er immer dann, wenn . . .

Sein Vater kommt abends nach Hause.
Wie fühlt sich Angusti? Was denkt er wohl?
Was mag der Vater denken? Was will der Vater jetzt?
Und was möchte Angusti am liebsten?

Seine Mutter ruft. Was möchte sie?
Und was denkt sich Angusti dabei?
Als er nicht hören will, da . . .
Er würde seiner Mutter ja gerne helfen, wenn . . .

Der Zauberer zu Besuch! Drei Wünsche hat Angusti frei.
Was wünscht er sich?
Und warum?

Auch wenn Ihr Kind noch nicht zur Schule geht, sollten Sie ihm die folgenden Bilder vorlegen. Auf diese Weise können Sie erfahren, welche *Erwartungen* es bereits hat.

Hier geht Angusti zur Schule.
Was denkt er auf dem Schulweg?
Was wünscht er sich?
Wenn er zu spät kommt, dann . . .
Und wenn seine Eltern davon erfahren, dann . . .

Verträumt sitzt Angusti in der Klasse. Wo ist er mit seinen Gedanken?
Er würde ja besser aufpassen, wenn . . .
Als seine Mutter vom Lehrer erfuhr, daß er nicht aufgepaßt hatte, da . . .
Und was sagte sein Vater dazu?

Eine Klassenarbeit!
Wie fühlt sich Angusti wohl? Was denkt er?
Wird er seinen Eltern von der Klassenarbeit erzählen?
Als er das Arbeitsheft abgegeben hat, da denkt er: . . .

Jetzt zeigt er seine Klassenarbeit zu Hause vor.
Was sagt seine Mutter?
Und was sagt sein Vater?
Wie fühlt sich Angusti dabei?
Als er eine »Drei« geschrieben hat, da . . .
Wenn er eine »Vier« mit nach Hause bringt, was geschieht dann?
Und wenn er eine »Fünf« vorzeigen muß, dann . . .
Wem zeigt er sein Arbeitsheft am liebsten?
Und warum?
Als er sein Arbeitsheft zu Hause nicht mehr vorzeigen brauchte, da . . .
Warum?
Er würde ja viel lieber Klassenarbeiten schreiben, wenn . . .

Haben Sie die Fragen beantwortet, ohne lange zu überlegen? Dann ist es durchaus möglich, daß Sie einige unbewußte Wünsche und Befürchtungen preisgegeben haben: vielleicht irgendeine fröhliche Erinnerung – oder aber auch ein unangenehmes Gefühl, das Ihnen seit jeher in bestimmten Situationen wie ein »Kloß« im Halse sitzt. Das mag die Angst vor Autoritätspersonen sein, die Sie als Kind empfanden, wenn Ihre Eltern bei schlechten Schulnoten schimpften, und die Sie auch heute noch verspüren, wenn Sie befürchten, Ihr Vorgesetzter (oder Ihr Ehepartner!) könne an Ihrer Arbeit etwas aussetzen. In Ihren Antworten zur dritten Szene beispielsweise könnte sich Ihre Angst vor schmutziger Kleidung niedergeschlagen haben, die Sie als Kind quälte, weil Ihre Mutter über Ihre Unachtsamkeit erbost war, und die sich immer noch als unangenehme Spannung bemerkbar macht, wenn ein winziger Fleck Ihre Kleidung verunziert. Die Zusammenhänge sind uns klar: Viele Kindheitsängste durchsetzen oftmals die Erlebniswelt und die Verhaltensweisen des Erwachsenen – auch wenn er sich gegen diese Mutmaßung gern mit »vernünftigen« Erklärungen wehrt.
Nach Ihrer kleinen Selbstanalyse sollten Sie nun den »Angusti«-Test mit Ihrem Kind durchführen*. Die Bildvorlagen sprechen Kinder aller Altersstufen an, so daß wir einen Fünfjährigen ebenso befragen können wie einen Fünfzehnjährigen. Je älter ein Kind ist, desto eher neigt es allerdings dazu, seine Vernunft einzuschalten und Ihnen möglicherweise kurzerhand mit einem »Warum fragst du mich denn nicht *dirckt*?« den Testspaß zu nchmcn. Bci

* Damit das Kind möglichst unbefangen antwortet, wäre es günstig, eine neutrale Person (z. B. eine Nachbarin) als »Testleiter« zu gewinnen.

jüngeren Kindern spielt natürlich ihre Aufnahmefähigkeit, ihre Phantasiebegabung sowie ihre Bereitschaft mitzumachen eine entscheidende Rolle. Doch wenn man das Fragespiel nicht zu lange ausdehnt, kann man sogar schon von Drei- oder Vierjährigen den Spiegel seiner eigenen Erziehungshaltung vorgehalten bekommen. Leiten Sie den Test etwa mit folgenden Worten ein: »Ich habe hier eine lustige Bildergeschichte. Sie handelt von dem kleinen Angusti. Du kannst mir zu jedem Bild etwas erzählen. Hier liegt er wach in seinem Bett. Was meinst du – wie fühlt er sich wohl? (Antwort abwarten) Und was mag ihm durch den Kopf gehen?« Auf diese Weise können Sie die vorgegebenen Fragen in ein zwangloses Gespräch einbauen und den Test selbstverständlich beliebig ergänzen. Denn der Sinn dieser *indirekten* Befragung liegt ja darin, jene verborgenen Konflikte aufzudecken, die das Kind Ihnen normalerweise nicht mitteilen würde. Vergessen Sie nicht, seine Antworten zu notieren.

Bei der Bewertung der kindlichen Äußerungen sollten Sie folgendes bedenken: Nicht immer überträgt ein Kind seine eigene Gefühlswelt in solche Phantasiegeschichten. Es kann dabei auch an einen Fernsehfilm, an eine Abenteuererzählung oder an Erlebnisse außerhalb des Elternhauses denken. Deswegen sollten Sie *vereinzelte* angstbesetzte oder aggressive Bemerkungen des Kindes nicht auf die Goldwaage legen. Sobald sich beim Kind jedoch immer wieder ähnliche Antworten finden (z. B. ein gehäuftes »Dann meckert seine Mami« oder »Dann schimpft sein Papi«), sollten Sie *unbedingt* hellhörig werden. Denn hier haben Sie vermutlich eine wesentliche Ursache für bestimmte Ängste, Aggressionen oder andere »Unarten« Ihres Kindes herausgefunden. Wischen Sie diese indirekte

Kritik an Ihrer Erziehungshaltung auf keinen Fall mit einem »So schlimm ist das doch gar nicht« vom Tisch, sondern überprüfen Sie statt dessen noch einmal die goldenen Regeln der Erziehung (vgl. S. 142)! Falls Ihr Kind im »Angusti«-Test die »Phantasie-Eltern« überwiegend als schimpfend und strafend beschreibt, kann man nämlich mit hoher Wahrscheinlichkeit davon ausgehen, daß Ihr »Stimmungsbarometer« eher ein veränderliches als ein sonniges Klima anzeigt und Ihr »Erziehungskonto« mehr zum »Soll« als zum »Haben« tendiert. Bei weniger phantasievollen oder unruhigen Kindern sind die Ergebnisse zuweilen so spärlich, daß man kaum Rückschlüsse auf ihre Empfindungen ziehen kann. Seien Sie dann nicht enttäuscht und bedrängen Sie das Kind keinesfalls mit weiteren Fragen! Vielleicht haben Sie ja schon in Ihren eigenen Antworten (oder in denen Ihres Ehepartners) einige zwingende Indizien für mehr oder weniger verdrängte Ängste oder Zwänge in Ihrer Familie entdeckt.
Zum Schluß sollten Sie noch die Antworten des Kindes mit Ihren eigenen vergleichen. Nicht selten erlebt man dabei ganz erstaunliche Übereinstimmungen in der Wahrnehmung bestimmter Erziehungssituationen. Sicher: Für diese Ähnlichkeiten mag es verschiedene Gründe geben. Doch kann es nicht sein, daß Sie mit Ihrem Kind in ähnlicher Weise umgehen wie Ihre eigenen Eltern damals mit Ihnen? Und ist die Vermutung so abwegig, daß Sie in Ihrer Kindheit unter den gleichen Ängsten litten wie Ihr Kind heute?

2. Die »Angstleiter«

Sicherlich interessiert Sie noch die Frage: *Wie stark* sind die Ängste meines Kindes? Ist seine Angst noch normal! Obwohl man als Außenstehender vielen Kindern sofort ansehen kann, ob sie besonders ängstlich (man sagt auch: »schüchtern«, »gehemmt« oder »verklemmt«) sind, haben die betroffenen Eltern trotz (oder gerade wegen) ihrer engen Gefühlsbeziehung zum Kind häufig große Schwierigkeiten, seine Gefühlslage richtig einzuschätzen. So neigen ängstliche Mütter oder Väter eher dazu, die Angst ihres Kindes zu dramatisieren, während die seelisch robusteren Eltern die ängstlichen Regungen des Kindes gern unterschätzen. Die objektive Beurteilung kindlicher Ängste wird mitunter noch dadurch erschwert, daß manches Kind ruhig und gelassen *wirkt*, obwohl unter seiner Oberfläche ängstliche Gefühle »brodeln« mögen.

Dennoch gibt es eine Möglichkeit, auch die unterschwelligen Ängste Ihres Kindes besser zu beurteilen: Sammeln Sie zunächst auf einem Blatt Papier all jene Situationen, in denen Ihr Kind offensichtlich Angst hat oder Angst haben *könnte*.

Natürlich gehören dazu auch die »kritischen« Punkte aus dem »Angusti«-Test – wie zum Beispiel das Alleinsein oder eine schlechte Klassenarbeit. Nun lassen Sie diese Situationen vom Kind nach ihrem »Spannungsgehalt« einordnen, wobei Sie nebenstehende »Angstleiter« zu Hilfe nehmen können. Natürlich ist sie kein Meßinstrument, sondern nur eine *Schätzskala*; trotzdem sind die meisten Kinder in der Lage, die Stärke ihrer ängstlichen Empfindungen recht genau zu bestimmen. Vermeiden Sie dabei aber möglichst das Wort »Angst«, damit die Abwehr der »tapferen« Kinder nicht mobilisiert wird: »Hier siehst du Angusti auf einer Leiter. Ganz unten fühlt er sich ja noch wohl, aber auf dieser Sprosse (zeigen!) beginnt er schon unruhig zu werden. Und hier (zeigen!) ist er ganz aufgeregt, siehst du? An dieser Leiter kann man also genau angeben, wie kribbelig

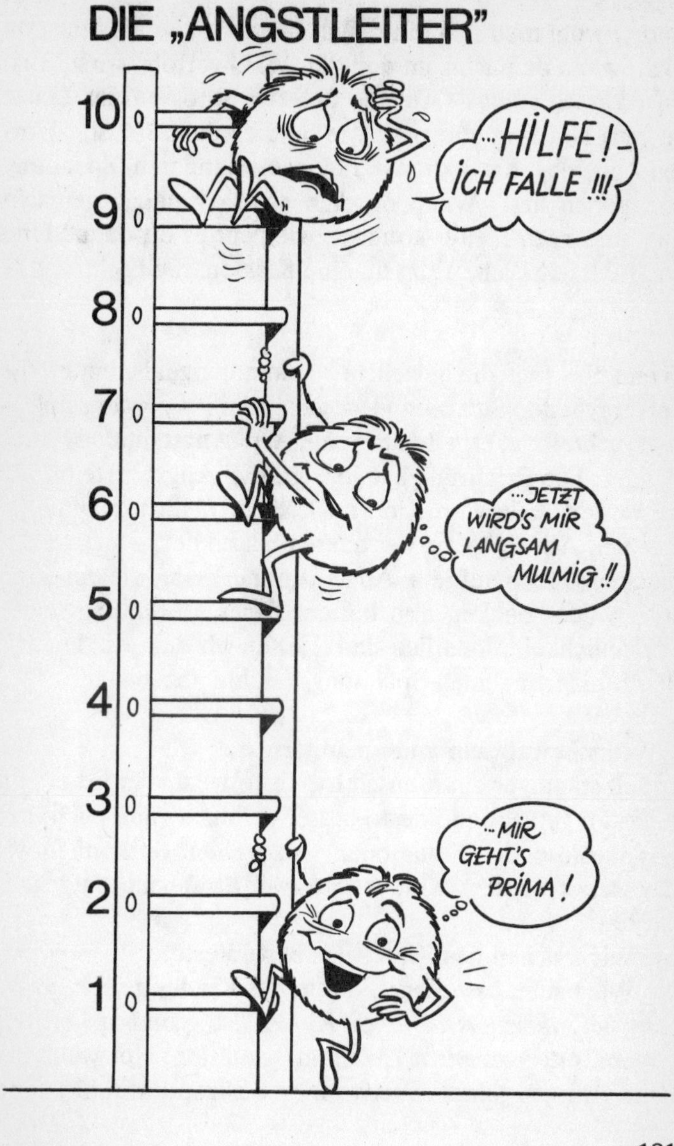
DIE „ANGSTLEITER"
10
9
8
7
6
5
4
3
2
1
...HILFE! - ICH FALLE !!!
...JETZT WIRD'S MIR LANGSAM MULMIG !!
...MIR GEHT'S PRIMA !

und unwohl man sich fühlt. Was meinst du – wie fühlst du dich, wenn du nachts im dunklen Wald verfolgt wirst? Bist du da noch ruhig? (Auf die unteren Sprossen der Leiter zeigen) Na, zeig' mir mal, wie du dich dann fühlst! (Warten, bis das Kind die Stärke seiner inneren Spannung angegeben hat.) Wenn du dich ganz schmutzig gemacht hast und nach Hause kommst, wie geht es dir dann? Und wie fühlst du dich, wenn du eine Klassenarbeit schreibst?«

Wenn Sie nun die jeweilige »Spannungszahl« hinter die entsprechende Situation (1 = ganz ruhig/10 = ganz aufgeregt) schreiben, erhalten Sie eine Art »Angstkatalog« Ihres Kindes. Die Erfahrung hat gezeigt, daß Angstwerte bis zur Mitte der Skala vom Kind noch als erträglich empfunden werden. Alle Werte in der oberen Hälfte der »Angstleiter« machen jedoch auf jene Ängste aufmerksam, die das Kind stören oder quälen, also bei der freien Entfaltung seiner Persönlichkeit hinderlich sind. Helfen wir dem Kind dabei, diese unangenehmen Spannungsgefühle abzubauen!

3. Selbstbewußtsein kann man lernen

Je selbständiger ein Mensch ist, desto weniger wird er von Ängsten geplagt und desto besser gelingt es ihm auch, mit angstauslösenden Situationen umzugehen. So können wir der Angst unseres Kindes mit zwei Strategien entgegenwirken:

(1) Wir machen das Kind selbstbewußter.

(2) Wir bauen *bestimmte* Ängste des Kindes gezielt ab.

Das *Selbstbewußtsein* eines Kindes ist grundsätzlich das Ergebnis der *gesamten* Erziehungssituation: Nur wenn ein Kind sich von seinen Eltern wirklich akzeptiert fühlt, kann

es ein gesundes *Selbstwertgefühl* aufbauen, aus dem sich dann ein selbstbewußtes und selbstsicheres Verhalten entwickelt. Die entscheidenden Voraussetzungen für die Festigung der kindlichen Persönlichkeit liegen also in den *goldenen Regeln* der Erziehung (vgl. S. 142). Darüber hinaus können Sie Ihrem Kind zusätzlich Auftrieb geben – besonders dann, wenn sein Selbstbewußtsein noch etwas »Entwicklungshilfe« braucht:

(a) *Hören Sie Ihrem Kind zu, ohne es zu unterbrechen* – auch wenn Sie den inneren Drang verspüren, Ihre eigenen Kommentare abzugeben?

(b) *Lassen Sie Ihrem Kind seine Meinung!* Sagen Sie zum Beispiel: »Ich kann verstehen, daß du es anders siehst . . .«, anstatt seine Meinung zu belächeln oder als »Unsinn« abzutun.

(c) *Ermutigen Sie Ihr Kind, eigene Entscheidungen zu treffen!* Wenn beispielsweise die Zusammenstellung seiner Kleidung nicht ganz glücklich ist, sollten Sie Ihr Kind nicht zu einer Korrektur zwingen, sondern ihm lediglich beratend zur Seite stehen.

(d) *Lassen Sie Ihr Kind mitreden* – auch wenn es um die Renovierung der Wohnung, um eine größere Anschaffung oder um Urlaubspläne geht!

(e) *Fragen Sie Ihr Kind gelegentlich um Rat!* Auch ein Vorschulkind kann auf die Frage: »Was meinst du, soll ich . . .?« schon kluge Antworten geben.

Auf diese Weise zeigen Sie Ihrem Kind, daß Sie es ernst nehmen und als gleichwertigen Partner akzeptieren. Beobachten Sie Ihr Kind einmal in solchen Situationen ganz genau! Seine gesamte kleine Persönlichkeit scheint ein Stück zu wachsen. So wird es durch sein zunehmendes Selbstbewußtsein sicherlich manche Angst überwinden.

Überdies kann man sich ganz gezielt mit den angstauslösenden Situationen oder Gegenständen auseinandersetzen, wobei zwei Merkmale der Angst eine entscheidende Rolle spielen:

– Angst ist *grundsätzlich* mit *körperlicher Spannung* verknüpft (vgl. S. 19).
– Indem man eine angstauslösende Situation meidet, wird ein *Löschen* der Angst verhindert (vgl. S. 49).

Daraus ergeben sich zwangsläufig die wichtigsten Grundsätze eines systematischen Trainings zur Angstüberwindung:

– *Körperliche Entspannung* wirkt der Angst entgegen.
– Durch ein *schrittweises (entspanntes!) Aufsuchen* einer »kritischen« Situation wird die Angst allmählich gelöscht.

Wer seine Ängste abbauen möchte, sollte also zunächst die körperliche Entspannung trainieren, die sich durch eine *ruhige Atmung* und eine *Entkrampfung der Muskeln* erreichen läßt.* Nachdem man ein, zwei Wochen lang täglich einige Minuten das Entspannen geübt hat, kann man eine konkrete Angstsituation angehen. Zu diesem Zweck wählt man eine bestimmte Angst aus seinem »Katalog« aus und notiert sich zusätzlich eine Reihe von ähnlichen, aber immer weniger bedrohlichen Angstauslösern. Am Beispiel des elfjährigen Joachim, der aufgrund schwerer Brandverletzungen bereits beim Anblick eines Feuerzeugs unruhig wird (vgl. S. 37), können wir uns klar machen, wie eine solche *Angsthierarchie* aussieht und wie sie zur Überwindung der Angst eingesetzt wird:
Das Ziel unserer Therapie lautet: Joachim soll ohne Angst mit einem Streichholz eine Kerze anzünden. Diese scheinbar banale Handlung wird von ihm auf der »Angstleiter« mit der Ziffer »10« bewertet, steht demnach in unserer Angsthierarchie ganz oben. Selbst wenn Joachim auch nur *sieht*, wie ein Streichholz angezündet wird, gerät er noch in einen nahezu panischen Zustand: Sein Spannungsgefühl entspricht auf der »Angstleiter« dem Wert »9«. Der Anblick einer brennenden Kerze in geschlossenen Räumen wird von ihm mit dem Angstwert »8« belegt, im Freien hingegen kann er demselben Angstauslöser mit dem Spannungsgefühl »7« begegnen. Der Anblick einer Streichholzschachtel entspricht dem Angstwert »6«, während der Anblick eines Feuerzeugs noch als »etwas unangemehm«

---

* Für ängstliche Kinder (aber auch für ängstliche Erwachsene!) sei das *Autogene Training* empfohlen, das von Volkshochschulen, Psychologen oder Ärzten häufig angeboten wird.

(Angstwert »5«) bezeichnet wird. Das *Foto* einer brennenden Kerze löst bei Joachim ebenfalls leichte Spannung aus (Angstwert »4«), das *Foto* eines Feuerzeugs hingegen kann er in gut entspanntem Zustand (Angstwert »2–3«) betrachten. Wir sehen: Je *unähnlicher* eine Situation oder ein Gegenstand dem ursprünglichen Angstauslöser (»Ich mache Feuer«) wird, desto geringer ist seine beunruhigende Wirkung auf den Jungen. In der Therapie gehen wir nun Schritt für Schritt weiter – vom schwächsten bis zum stärksten Angstauslöser.
In der ersten Sitzung zeigen wir Joachim das Foto eines Feuerzeugs und bitten ihn, sein Spannungsgefühl zu benennen. Da sich keinerlei Angstgefühle regen, gehen wir zur zweiten Stufe weiter und präsentieren ihm das Foto einer brennenden Kerze. Schon wird seine Erinnerung an das schmerzhafte Erlebnis wach: Die »Angstleiter« zeigt den Spannungswert »4« an, so daß wir bei diesem Angstauslöser eine Zeitlang verweilen müssen. Joachim wird gebeten, seine Augen zu schließen, ganz ruhig zu atmen und sich zu entspannen – wie zuvor trainiert. Als er völlig entspannt ist, muß er sich erneut dem Foto der Kerze stellen. Diesmal erlebt er ihren Anblick ohne Spannungsgefühle (Angstwert »2–3«), so daß wir zur nächsten Stufe weitergehen können. Nachdem sich Joachim erneut entspannt hat, legen wir ein Feuerzeug vor ihm auf den Tisch. Sofort steigt sein Angstgefühl auf den Wert »5« an. Also muß er wiederum versuchen, sich mit geschlossenen Augen zu entspannen. Diesmal legen wir das Feuerzeug in etwa zwei Meter Entfernung auf den Fußboden; Joachim erträgt diesen Anblick ohne unangenehme Gefühle. Die *Entfernung* eines bedrohlichen Gegenstandes spielt offenbar für die Stärke der Angst eine wichtige Rolle. Folglich rücken wir

das Feuerzeug jedesmal ein Stück näher heran, sobald sich der Junge entspannt hat. Am Ende der ersten Sitzung können wir in unserem Therapieprotokoll festhalten: Joachim erträgt völlig spannungsfrei den Anblick eines Feuerzeugs, das vor ihm auf dem Tisch liegt.

In der zweiten Sitzung beginnen wir mit derselben Stufe, die jedoch zunächst wieder problematisch ist: Das Feuerzeug erzeugt in dem Jungen erneut Spannungen. Doch beim dritten Entspannungsversuch ist er sogar bereit, dieses ursprünglich bedrohliche Instrument in die Hand zu nehmen. Als er jedoch anschließend eine Streichholzschachtel zu Gesicht bekommt, wird er sofort wieder unruhig, wobei er seine Angst auf einleuchtende Weise erklären kann: »Ich hatte das Lagerfeuer, bei dem ich mich verbrannte, mit Streichhölzern angesteckt.« Dennoch gelingt es ihm in der zweiten Sitzung, eine Streichholzschachtel in die Hand zu nehmen. In der dritten Therapiestunde wollen wir »Ernst« machen: Joachim soll sich – auf der Terrasse der Beratungsstelle – einer brennenden Kerze nähern. Um diesen entscheidenden Schritt erträglicher zu machen, beginnen wir mit einer leichteren Übung: Da allein schon der bloße *Gedanke* »Feuer« bei Joachim ähnliche Spannungszustände erzeugt wie die bedrohliche Wirklichkeit (vgl. S. 39), begeben wir uns zunächst auf die Phantasieebene: ». . . nun stell' dir eine brennende Kerze vor, die im Freien im Abstand von zehn Metern vor dir steht.« Selbst dieses Phantasieerlebnis müssen wir einige Male trainieren, bis Joachim den Gedanken an die brennende Kerze (auch in geringerer Entfernung) ohne Angst ertragen kann. Anschließend gelingt es ihm, sich der brennenden Kerze im Freien auf etwa einen Meter zu nähern.

In der folgenden Sitzung lernt Joachim zunächst, die brennende Kerze im Zimmer spannungsfrei zu ertragen. Daraufhin wird er wieder mit einem unangenehmen *Gedanken* vertraut gemacht: *»Stell' dir vor, jemand zündet ein Streichholz an!« Dabei ist es besonders wichtig, erst dann* zur nächsten Stufe der Angsttherapie weiterzugehen, wenn Joachim eine Situation (oder einen Gedanken) *völlig entspannt*, also *angstfrei* erleben kann. Durch dieses behutsame Vorgehen ist er am Ende der elften Sitzung in der Lage, ganz ohne Angstgefühle in einem Zimmer eine Kerze mit einem Streichholz anzuzünden.

Ob Ihr Kind nun Angst vor Feuer, vor Hunden, vor Dunkelheit oder vor Klassenarbeiten hat, ob seine Ängste in frühester Kindheit oder im Laufe seiner Entwicklung entstanden sind – in allen Fällen lassen sie sich mit Hilfe der hier vorgestellten Angsttherapie (*Desensibilisierung)* in einigen Wochen deutlich verringern.*

II. Meine (kindlichen) Ängste

1. Erinnerungen

Wie wir mehrfach gesehen haben, wirken sich unsere eigenen Kindheitsängste allzuoft in der Erziehung unseres Kindes aus, ohne daß wir uns der Zusammenhänge bewußt werden: Unsere (unbewußte) Angst vor Unordnung beispielsweise verleitet uns häufig dazu, von unserem Kind in besonderer Weise *Ordnung* zu fordern; unsere Angst vor

* Die Desensibilisierung wird aber nur dann Erfolg haben, wenn die *Ursache* der Angst nicht weiterhin wirksam ist. So kann es zum Beispiel nie gelingen, einem Kind mit Hilfe dieser Therapie die Angst vor Klassenarbeiten zu nehmen, wenn die Eltern weiterhin Leistungsdruck ausüben.

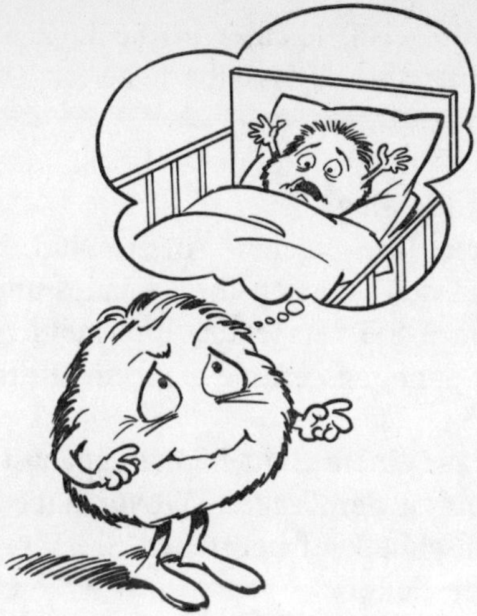

Mißerfolg läßt oftmals jenen Leistungsdruck entstehen, der zu völligem Schulversagen des Kindes führen *kann* (vgl. S. 155).

Machen Sie sich darum die kleine Mühe, eine *gezielte* »Reise« in Ihre Kindheit zu unternehmen, um Ihre eigenen Ängste und die darin begründeten Forderungen an Ihr Kind besser zu verstehen. Dazu brauchen Sie jedoch keine Hypnose, sondern lediglich etwas *Ruhe* und *Entspannung*. Versuchen Sie zum Beispiel, sich anhand Ihrer Familienfotos oder im Gespräch mit Familienangehörigen an bestimmte Kindheitsszenen zu erinnern! Besonders plastisch werden Ihnen diese Erlebnisse und die damit verbundenen *Gefühle* dann erscheinen, wenn Sie vor dem Einschlafen ganz konzentriert an »frühere Zeiten« denken. Falls es Ihnen auf diese Weise gelingt, einige Ihrer Kindheitserlebnisse »hautnah« wiederzuerleben, werden Sie sich in Zukunft gewiß leichter in die Lage Ihres Kindes versetzen können: ». . . dasselbe habe ich als Kind auch empfunden!«

2. Mein »Angstkatalog«

Je klarer Ihnen Ihre eigenen Ängste sind, desto besser können Sie mit den Ängsten Ihres Kindes umgehen. Deshalb sollten auch Sie versuchen, Ihre mehr oder weniger verborgenen Spannungsgefühle in einem »Katalog« zusammenzutragen.

Sammeln Sie auf einem Blatt Papier zunächst alle Gedanken, die Ihnen zu der Frage: »Wovor habe ich Angst?« einfallen.* Anschließend beurteilen Sie Ihre Ängste mit Hilfe der »Angstleiter« – genauso, wie Sie es bereits mit Ihrem Kind durchgeführt haben. Möglicherweise werden Sie feststellen, daß manch rätselhaftes Unbehagen, das Sie oftmals stört oder quält, gar nicht so »namenlos« und unbegreiflich ist, sondern sich aus mehreren – deutlich benannten – Ängsten zusammensetzt. Hier können Sie dann den Hebel der *Desensibilisierung* ansetzen und versuchen, durch ein Entspannungstraining und schrittweises Aufsuchen der (scheinbar) bedrohlichen Situation das jeweilige Angstgefühl abzubauen.

»Aber ich habe doch kaum Ängste«, mögen jetzt einige Eltern einwenden, »auch wenn ich von meinem Kind Ordnung oder Leistung fordere, ist das doch kein Zeichen für Ängstlichkeit.« Natürlich nicht! Denn selbstverständlich sind Ordnung und Leistung durchaus sinnvolle und erstrebenswerte Ziele. Nur: Wo der goldene Mittelweg verlassen und die Ordnungsliebe zur Ordnungssucht, die vernünftige

---

* Berücksichtigen Sie dabei auch Ihre Ergebnisse aus dem »Angusti«-Test!

Leistungserwartung zum Leistungsdruck wird, da erleben die betroffenen Eltern ebenfalls ein inneres Spannungsgefühl: den *Zwang*. Und wie wir bereits gesehen haben (vgl. Gewissensangst, S. 143), hat jeder innere Zwang eine Art »Wächterfunktion«: Er verhindert, daß wir unsere Gewissensangst (also verinnerlichte Kindheitsängste!) bewußt erleben müssen. Je stärker diese Angst nun ist, desto unerbittlicher werden auch unsere (zwanghaften) Forderungen an das Kind sein – und gleichzeitig auch unser selbstauferlegter »Streß«. Um so schwerer wird es uns dann auch fallen, die Familienatmosphäre zu entspannen und das »Erziehungskonto« ins »Haben« zu bringen.
Wenn es Ihnen aber gelingt, Ihre eigenen Kindheitserinnerungen aufzufrischen und somit die Ängste Ihres Kindes besser nachzuvollziehen, wenn Sie darüber hinaus noch zu prüfen bereit sind, wie viele Ihrer vorwurfsvollen und drohenden Appelle Sie lediglich zur Besänftigung Ihrer Gewissensängste ans Kind richten, dann wird Ihnen eine Veränderung Ihres Erziehungsverhaltens sicherlich leichter fallen. Und damit sind wichtige Voraussetzungen dafür geschaffen, daß sich Kind *und* Eltern allmählich (angst-)freier fühlen und zufriedener werden können.